THIS BOOK COMES WITH FREE AUDIO DOWNLOADS!

Visit www.functionallyfluent.com and click on "Audio Download" to receive an email with free MP3 audio tracks, corresponding to each unit of this book.

We recommend using these companion audio files along with the book, since the book is an essential visual component of this course. You can also use the audio tracks on their own as a review, after completing exercises or units in the book.

Not a fan of downloads? No problem! Go to www.functionallyfluent.com to purchase a tangible, hard-copy CD!

Library-of-Congress-Cataloging-in-Publication Data
Gruber, Diana
       Functionally Fluent! – Spanish – Intermediate – Further Functions

HOW TO USE THIS COURSE
FOCUS ON FIVE

① FUNCTIONS – *DO STUFF* IN SPANISH!

As a busy adult learner, you want to learn Spanish for practical, everyday purposes. You want to understand your friends and neighbors, travel, or connect with people at work. You want to be able to order food, start a conversation, or make a polite request. In short, you want to *do stuff in Spanish*. These everyday goals are called "functions," and this book helps you reach these goals.

You can track your progress as you learn new functions, with the **I Can Do It In Spanish!** checklists at the end of each chapter, and the **I Did More in Spanish!** final review. Each level teaches you at least fifty functions in Spanish. After all three levels, you will be able to **do at least 150 things**, and will confidently say: **"I speak Spanish!"** – **"¡Hablo español!"**

② FLUENCY – RELAX AND DO YOUR BEST!

Perfectionists beware! Speaking fluently doesn't mean speaking perfectly – nobody speaks any language perfectly. You can speak *fluently*, though! **Fluency means your language flows** and you get your point across. It means you make yourself understood and understand others with increasing ease. It means you can perform a wide variety of functions. You can do all this, and still make a few mistakes. So go easy on yourself, and go with the flow!

③ FREQUENTLY-USED WORDS – BE A MINIMALIST!

Did you know that English has about one million words, yet we use only .2% of these in everyday language? Other languages are similar, and Spanish is no exception! Why overload your brain with unnecessary concepts? As a beginner, **focus on the things that really matter!**

As you advance to higher levels, your vocabulary will increase exponentially and you will build on this solid foundation. Plus, you will __retain__ more words and phrases if you are not suffering from "information overload." Keep it simple, fast, and functional!

④ FRIENDS AND FAMILY – LET PEOPLE IN YOUR LIFE HELP YOU!

There are **45 million Spanish-speakers in the United States – bet you know at least one!** Spanish may even be a predominant language in your own U.S. town. No matter your situation, grab a Spanish-speaker and enlist their help! Hire a tutor, pair up with a friend, or join an instructor-led Spanish class. Explore outside resources like Spanish-language practice groups, or tune into Spanish-language television or radio. This course is a great primary or complementary resource for any situation, and gives you practical milestones and tools!

⑤ FUN – ENJOY!

You decided to learn Spanish because you want to connect more, learn more and do more. Why? **Because it's fun!** Keep this objective in mind, and have a blast learning Spanish!

HOW TO USE THIS BOOK
FEATURES AND SECTIONS

The **¡PRACTICA!** boxes are the most important part of this course! Use these fun, engaging exercises to practice speaking with **real people** in your life. This may include a tutor, a teacher, a Spanish-speaking friend or neighbor, or even a fellow Spanish-learner. Learning to speak a language means actually **speaking** – that is, communicating with others interactively. (Sorry, listen-and-repeat-into-a-microphone doesn't count.) So go out and **¡PRACTICA!** with your friends!

SPANISH CAN BE SNEAKY

Sometimes it's important to focus on the exception rather than the rule. The **SPANISH CAN BE SNEAKY** boxes point out the hiccups you may encounter while learning Spanish, and help answer questions about unexpected breaks in patterns.

QUIZ AND BE QUIZZED!

It's important for learners to drill new vocabulary immediately upon learning it. The **QUIZ AND BE QUIZZED** section allows learners to do this in an interactive fashion.

GRASPING GRAMMAR

Grammar can be overrated and overtaught, so this course doesn't focus on it. Once in awhile, though, learners find it useful to have patterns explained. The **GRASPING GRAMMAR** boxes are designed to provide grammar explanations on an as-needed basis.

LET'S REVIEW!

Frequent review is essential to memory-building and language-learning, especially for adults. You're encouraged to review past lessons before starting new lessons. **LET'S REVIEW** offers helpful reminders and appropriate exercises.

I CAN DO IT IN SPANISH!

As a busy adult learner, you know the importance of setting and reaching goals. The **I CAN DO IT IN SPANISH** sections help you quantify and track your progress from chapter to chapter and level to level, so you feel a sense of accomplishment as you learn new functions and learn to **do it in Spanish!**

¡MUY BIEN!

SPANISH PRONUNCIATION
FOCUS ON FIVE - FOCUS ON THESE FIVE COMPONENTS OF PRONUNCIATION:

① PURE VOWELS

Spanish has only five vowel sounds, represented by five letters:

a	–	pronounced ah (as in t<u>a</u>co)
e	–	pronounced eh (as in <u>e</u>nchilada)
i	–	pronounced ee (as in tequ<u>i</u>la)
o	–	pronounced oh (as in arr<u>o</u>z c<u>o</u>n p<u>o</u>ll<u>o</u>)
u	–	pronounced oo (as in ch<u>u</u>rro)

 Be careful not to add closed sounds to these vowels, as we would In English:

taco = tah-coh, not tah-couw
padre = pah-dreh, not pah-dreay

Keep your vowels pure and you're halfway to sounding like a native speaker!

② DIPTHONGS – SPECIAL VOWEL COMBINATIONS

Dipthongs are vowel combinations that include **i**, **y** or **u** sounds. These sounds combine with a pure vowel sound (or with each other) to form a single syllable. These are the Spanish dipthongs:

ya	**ay**	**ia**	**ai**	**ua**	**au**
ye	**ey**	**ie**	**ei**	**ue**	**eu**
				ui	**iu**
yo	**oy**	**io**	**oi**	**uo**	**ou**
yu	**uy**	**iu**	**ui**		

 Unlike many English dipthongs, Spanish dipthongs are pronounced like they are written:

yuca – yuca	**house** – haus
dios – dios	**ate** – eit
soy – soy	**why** – wai

c

③ FAMILIAR CONSONANTS

Most Spanish consonants are similar to their English counterparts.

Spanish	English		Spanish	English		Spanish	English
b	**b** or **v***		**k**	**k**		**s**	**ss**
c	**k** before a, o, u; **SS** before i or e; **th** (as in English "think") in Spain		**l**	**l**		**t**	**t**
d	**d**, or **th** (as in English "the") between vowels		**m**	**m**		**v**	**b** or **v***
			n	**n**		**w**	**w**
f	**f**		**p**	**p**		**x**	**ks** (as in "conexión") or **h** (as in "México")
g	**g**, or **h** before i or e		**q**	**k**			
h	silent in Spanish		**r**	**r** short version of a trilled "Scottish r"		**y**	**y**
j	**h**					**z**	**ss**, or **th** as in English "think" in Spain

*In most cases, Spanish **b** and **v** are pronounced identically. The sound for both is halfway between a **b** and **v** sound in English.

④ UNFAMILIAR CONSONANTS

Spanish has three consonants that we do not have in English.

ll	closest English sounds – **y** (as in yes)*
	j (as in Jack)*
	zh (as in beige)*
ñ	closest English sound – **gn** (as in lasagna)
rr	closest English sound – similar to a longer trilled Scottish **r**

***ll** and **y** are pronounced slightly differently in different countries.

For many years, **ch** was considered a letter of the Spanish alphabet. Recently authorities have decided it is no longer to be considered a letter. **Ch** is pronounced similarly in Spanish and English (enchilada, mucho, much).

⑤ VOWEL LINKING

 This part of pronunciation keeps you from sounding like a gringo!

When two vowel sounds follow each other in two separate words, link them!
If you do it correctly, it will almost sound like you are pronouncing one word:

Cómo se escribe? ⟶ ¿Cómosescribe?

El niño es mi amigo. ⟶ Elniñwesmiamigo.

Get into the habit of linking your vowels and listening for it when Spanish-speakers link vowels, and you will be one step closer to sounding like a native!

Spanish may be sneaky in other areas, but luckily the pronunciation is straightforward. By applying the five concepts in this guide, you will speak fluently and with a good accent!

SPANISH SPELLING

Spanish is pronounced how it is spelled, with few exceptions.

 Watch out for:

b and v

In Spanish, **b** and **v** are usually pronounced the same. The sound is halfway between our **b** and **v** sound in English. This can make it tricky to know which words are spelled with **b** and which with **v**. Words below marked * contain this sound. After **m** or **n**, **b** is pronounced exactly like English **b**. Words marked with ** below contain the sound **b**.

vaca* - cow	**abuelo*** - grandfather	**abril*** - April	**también**** - also
Bacardi* - brand of rum	**vuelo*** - flight	**avión*** - airplane	**en Brasil**** – in Brazil

h

In Spanish, **h** is always silent. You need to remember which words are spelled with **h**.

hola - hello	**hijo** - son	**alcohol** - alcohol	**haces** - you do/make	**Hugo**
ola - wave	**ojo** - eye	**hoja** - leaf, sheet	**aces** - aces (as in cards)	**uva** - grape

y and ll

These letters can make the same sound, which makes it tricky to know how some words are spelled. You need to remember which are spelled with **y** and which are spelled with **ll**.

yo - I	**Yolanda**	**ayer** - yesterday
calle - street	**Guillermo**	**allá** - over there

S, Z, and C

In Latin American Spanish, **c** (before i and e), **s** and **z** are all pronounced **ss**. In Spain and a few other parts of the world, **s** is pronounced **ss**, but **z** and **c** are pronounced **th**. When hearing Latin American Spanish, you may not know how the following words and others are spelled just from hearing them. You need to remember which are spelled with **s**, **z**, and **c**.

cien - one hundred	**hacia** - towards	**casa** – house	**Gonzales**
sien - temple of the head	**Asia** - Asia	**caza** - hunt	**González**

WRITTEN ACCENT MARKS

Accent marks are part of Spanish spelling, and help identify which syllable is stressed.

Words ending in a vowel, n, or s:

In speech, the next-to-the-last syllable is usually stressed:

<u>ca</u>sa – house	<u>e</u>res – you are
a<u>mi</u>go – friend	<u>tie</u>nen – they have, y'all have

Words ending in other consonants (not n or s):

In speech, the last syllable is usually stressed:

doc<u>tor</u> – doctor	te<u>ner</u> – to have
pa<u>pel</u> – paper	dor<u>mir</u> – to sleep

 These words (and some others) take a written accent when used as question words:

Qué	**Dónde**
Quién(es)	**Cuánto/a(s)**
Cómo	**Cuál(es)**
Cuándo	**Por qué**

Exceptions to the above are indicated with a written accent mark.

<u>lá</u>piz – pencil	di<u>rec</u>ción – address	in<u>glés</u> – English	elec<u>tró</u>nico – electronic
ma<u>má</u> – Mom	<u>fút</u>bol – soccer	te<u>lé</u>fono – telephone	<u>Bár</u>bara

PUNCTUATION – ¿ and ¡

Spanish and English punctuation are similar, except as follows:

Spanish uses **¿** at the beginning of a question, in addition to **?** at the end: **¿Cómo te llamas?** – What's your name?

Spanish uses **¡** at the beginning of an exclamation, in addition to **!** at the end. **¡Muy interesante!** – Very interesting!

TABLE OF CONTENTS
A SNEAK PEEK INTO YOUR SPANISH BOOK!

Sección 1 — pages 1-8

Focus on FUNCTIONS	Focus on GRAMMAR	Focus on VOCABULARY
• Share important details of your life • Ask others about their lives • Speak about a variety of topics • Describe present states, habits, facts • Expand initial conversations	• *Presente simple* (present simple) of common irregular verbs • Basic question forms • *1st, 2nd, and 3rd person singular and plural* review • Preview of *reflexive, direct object*, and *indirect object pronouns*	• Work • Free Time • People • Food • Home and Office • Weather • Places

Sección 2 — pages 9-22

Focus on FUNCTIONS	Focus on GRAMMAR	Focus on VOCABULARY

• Describe your typical day
• Read about others' typical day
• Use question words
• Interview others on various topics
• Describe actions happening now
	• *Presente simple* (present simple) of many irregular verbs
	• *Presente simple* (present simple) of regular verbs
	• Question words (*Qué, Cómo, Cuándo, Dónde,...*)
	• *Cuántos/as* vs. *Cuánto/a...*
	• *Presente progresivo* (present progressive)
		• Adverbs of time commonly used with present simple
		• Vocabulary for routines
		  • Getting ready
		  • Work
		  • Family
		  • Hobbies
		• Question words

Sección 3 — pages 23-30

Focus on FUNCTIONS	Focus on GRAMMAR	Focus on VOCABULARY
• Talk about past events in your life • Talk about past events in others' lives • Tell stories in the past • Pinpoint events in the past, using adverbs • Use object pronouns	• *Pretérito* (past simple or preterit) of many common irregular verbs • *Pretérito* (past simple or preterit) of regular verbs • *Direct object pronouns* • *Indirect object pronouns* • Adverbs commonly used with the *pretérito*	• Adverbs of time commonly used with the preterit • Direct object pronouns • Indirect object pronouns

Sección 4 — pages 31-38

Focus on FUNCTIONS	Focus on GRAMMAR	Focus on VOCABULARY

• Describe your past activities, states and routines
• Describe others' past activities, states and routines
• Share childhood memories
• Read others' memories
• Situate activities in past periods, using adverbs
	• *Imperfecto* (imperfect) of regular verbs
	• *Imperfecto* (imperfect) of irregular verbs
	• Adverbs of time used commonly with the *imperfecto*
		• Adverbs of time commonly used with the imperfecto
		• Vocabulary for childhood experiences
		   • Family
		   • Vacation
		   • Childhood activities

Sección 5 — pages 39-46

Focus on FUNCTIONS	Focus on GRAMMAR	Focus on VOCABULARY

• Talk about your plans
• Talk about your goals and intentions
• Talk about others' goals and intentions
• Read about the future
• Make predictions
	• *ir a + verbo*
	• *Presente simple* (present simple) for talking about the future
	• Other common *future forms*
		• Vocabulary for personal plans, goals and predictions:
		   • Career
		   • Family
		   • Money

Sección 6 — pages 47-58

Focus on FUNCTIONS	Focus on GRAMMAR	Focus on VOCABULARY

• Speak about your life in great detail
• Ask others about their lives in great detail
• Deepen vocabulary for important areas of life
• Refer to people, places, things, and concepts, using object pronouns
• Speak about past, present, and future activities
	• Review of useful interrogative forms and question words - *Qué, Cómo, Cuándo, Dónde,...*
	• **Direct** and **indirect object pronouns** Review of single pronouns - *me, te, lo(s)/la(s)/le(s), nos*
	• **Direct** and **indirect object pronouns** Double pronouns - *me lo, se la, nos lo....*
	• Overview of verb tenses and forms
		• Vocabulary for important areas of life:
		   • Work
		   • Free time
		   • People
		   • Travel
		   • Your experience with Spanish
		• Question words

Sección 7 — pages 59-66

Focus on FUNCTIONS	Focus on GRAMMAR	Focus on VOCABULARY

• Deepen vocabulary for speaking about work
• Read about others' jobs
• Personalize language to speak about your own job
• Express obligation, permission, and desire
• Compare and contrast things and situations
	• Modal verbs of obligation, permission, and desire
	• Comparative structures with adjectives and nouns
	• Superlative structures with adjectives and nouns
		• Specific work-related vocabulary, including:
		  • People
		  • Equipment
		  • Activities
		  • Departments
		  • Tasks
		  • Work-related adjectives

Sección 8 — pages 67-72

Focus on FUNCTIONS	Focus on GRAMMAR	Focus on VOCABULARY
• Speak about present habits, particularly work habits • Read about others' work habits • Speak about actions in progress at work and elsewhere • Contrast daily activities with current situations • Speak about children and their activities	• **Present simple** verb tense (*Presente simple*) • **Present progressive** verb tense (*Presente progresivo*) • **Present simple** vs. **present progressive**	• Work-related vocabulary • Adverbs commonly used with present tenses

Sección 9 — pages 73-78

Focus on FUNCTIONS	Focus on GRAMMAR	Focus on VOCABULARY
• Read about others' former jobs • Speak about your former jobs • Report past events and timeframes seen as "blocks of time" • Describe past situations and habits • Deepen understanding of past habits and situations vs. past events	• **Preterit** verb tense review (*Pretérito*) • **Imperfect** verb tense review (*Imperfecto*) • **Preterit** vs. **imperfect** verb tense review	• Work-related vocabulary • Adverbs commonly used with past tenses

Sección 10 – pages 79-84

Focus on **FUNCTIONS**	Focus on **GRAMMAR**	Focus on **VOCABULARY**
• Speak about future plans and intentions (formally and informally) • Express wishes • Make promises • Speak about imaginary situations • Make requests and express desires politely	• **ir a + verbo** • **Future simple** verb tense review (*Futuro Simple*) • Other structures for speaking about the future • The **conditional** verb form (*Condicional*)	• Vocabulary for speaking about plans and intentions • Vocabulary for expressing wishes and desire

Bonus Sections – Extra Goodies for Learning Spanish!

- WORK
- FAMILY AND COWORKERS
- FREE TIME
- TRAVEL
- PERSONAL ADJECTIVES
- ADVERBS OF TIME
- FOOD
- HOME AND OFFICE
- COMMON EXPRESSIONS
- PLACES
- PREPOSITIONS OF PLACE

TODO EL MUNDO
EVERYBODY
Talk about people in your life

Fast Functions – By the end of this section, I will be able to:

**SHARE IMPORTANT DETAILS OF MY LIFE • ASK OTHERS ABOUT THEIR LIVES •
SPEAK ABOUT A VARIETY OF TOPICS, SUCH AS WORK, HOBBIES, FOOD, AND PLACES •
DESCRIBE PRESENT STATES, HABITS AND FACTS • EXPAND INITIAL CONVERSATIONS**

1. Lee la conversación entre Sara y Paco.

Hola, ¿cómo te llamas?	Me llamo Paco.
¿De dónde eres, Paco?	Soy de Venezuela.
¿En qué trabajas?	Soy ingeniero.
¿Qué haces en tu tiempo libre?	En mi tiempo libre, me gusta jugar fútbol.
¿Tienes hijos?	Mi esposa y yo tenemos dos hijos. Nuestro hijo se llama Eugenio, y nuestra hija se llama Teresa.
¿Cuántos años tiene Eugenio?	Tiene veintiún años.
¿En qué trabaja?	No trabaja. Es estudiante. Teresa es doctora.
¿Qué hace Teresa en su tiempo libre?	Le gusta nadar y bailar salsa con su novio.
¿Tu esposa es de Venezuela, también?	Sí, de Caracas.
¡Ustedes tienen una familia muy interesante!	Gracias. ¿Y tú? ¿Tienes familia?...

GRASPING GRAMMAR

¿Cuáles ejemplos de verbos y pronombres en primera persona, segunda persona, y tercera persona hay en la conversación? Escribe los ejemplos aquí:

Primera persona:	Segunda persona:	Tercera persona:
Soy	eres	tiene
mi	(ustedes) tienen	(ellos) tienen
tenemos	...	son
...		...

GRASPING GRAMMAR

1. Completa las tablas con las formas correctas de los verbos.

VERBOS

	SER	HACER	TENER	LLAMARSE
yo (I)		hago		
tú (you - informal)		haces	tienes	te llamas
él/ella/usted (he/she/you, formal)	es			
nosotros/as (we)		hacemos		
ellos/ellas (they)/ **ustedes** (y'all)	son		tienen	

GUSTARLE
me gusta
nos gusta

PRONOMBRES

sujeto	reflexivo	indirecto	posesivo
yo		me	mi(s)
tú	te	te	
él/ella/usted	se		su(s)
nosotros/as		nos	nuestro/a(s)
ellos/ellas/ustedes	se		su(s)

Las respuestas correctas están en la página 88.

¡PRACTICA!

1. **COMBINA** LA PREGUNTA CON LA RESPUESTA MÁS LÓGICA.

___ 1. **¿Cómo te llamas?**
___ 2. **¿Cómo se llama?**
___ 3. **¿Cuántos años tienes?**
___ 4. **¿Cuántos años tiene?**
___ 5. **¿De dónde eres?**
___ 6. **¿De dónde es?**
___ 7. **¿De dónde son?**
___ 8. **¿En qué trabajas?**
___ 9. **¿En qué trabaja?**
___ 10. **¿Qué hacen en su tiempo libre?**
___ 11. **¿Cuántos años tienen?**
___ 12. **¿Qué haces en tu tiempo libre?**
___ 13. **¿Qué hace en su tiempo libre?**
___ 14. **¿Cómo se llaman?**

a. Soy doctora.
b. Soy de Argentina.
c. Es intérprete.
d. En su tiempo libre, le gusta correr.
e. En mi tiempo libre, me gusta bailar.
f. Nos llamamos Anita y Jacques.
g. Se llama Lucy.
h. En nuestro tiempo libre, nos gusta leer.
i. Tiene veinte años.
j. Es de Italia.
k. Tienen treinta y treinta y dos años.
l. Me llamo John.
m. Tengo diez años.
n. Son de Panamá.

Respuestas: lgmibjnachkedf

2. **HABLA** CON OTRA PERSONA EN ESPAÑOL.

¿Cómo te llamas?
¿De dónde eres?
¿De dónde son tus padres?
¿Cómo se llama tu mejor amigo?
¿De dónde es?
¿Tienes hijos? ¿Cuántos? ¿Cómo se llaman?...

Me llamo Ana.
Soy de Orlando.
Mis padres son de México.
Se llama Chris.
Es de El Paso, Texas.
Tengo dos hijos. Se llaman María y Gustavo.

VOCABULARIO

¡DE TODO UN POCO!

1. Escribe más palabras (en español o en inglés) en cada categoría.

TRABAJOS

abogado
actriz
...

PASATIEMPOS/TIEMPO LIBRE

bailar
correr
...

FAMILIA, AMIGOS Y COMPAÑEROS DE TRABAJO

abuela
abuelo
jefe
asistente
...

ADJETIVOS

alto/a
bajo/a
...

COMIDA

arroz
café
...

CASA Y OFICINA

baño
cocina
escritorio
computadora
...

PREPOSICIONES

dentro de
en
con
al lado de
a la izquierda de
a la derecha de
...

TIEMPO, CLIMA Y ESTACIONES

Hace frío.
mañana
enero
febrero
...
lunes
martes
...
invierno
primavera
...
Son las tres.
noche
...

LUGARES

teatro
supermercado
trabajo
Asia
Europa
carro/coche
...

EXPRESIONES COMUNES

Hola
Buenos días
Me gusta...
Necesito...
¿Dónde está...?
¿Cómo te llamas...?
...

OTRAS PALABRAS IMPORTANTES O INTERESANTES PARA TI

...
...
...

ESCOGE TU PROPIA CATEGORÍA: _____

...
...
...

PERSONAS IMPORTANTES

1.   **HABLA** CON OTRA PERSONA EN ESPAÑOL.

a) ¿Cómo te llamas? ¿Cuántos años tienes? ¿De dónde eres? ¿En qué trabajas? ¿Qué haces en tu tiempo libre?

b) ¿Cómo se llama tu esposo/esposa/hermano/hermana/novio/novia/ hijo/hija/mejor amigo/mejor amiga?

   ¿Cuántos años tiene? ¿De dónde es? ¿En qué trabaja? ¿Qué hace en su tiempo libre?

c) ¿Cómo se llaman tus dos mejores amigos/amigas?

   ¿Cuántos años tienen? ¿De dónde son? ¿En qué trabajan? ¿Qué hacen en su tiempo libre?

d) ¿Dónde vives? ¿Cómo es tu casa? ¿Tu vecindario o barrio? ¿Tu ciudad? ¿Tu estado o tu país?

e) ¿Te gusta tu trabajo? ¿Por qué o por qué no?

f) ¿Cuáles son tus cosas preferidas (comida, pasatiempos, lugares, etc.)?

I CAN DO IT IN SPANISH!

CHECK YOUR PROGRESS!
After Sección 1, I can:

- ☐ Share important details of my life

- ☐ Ask others about their lives

- ☐ Speak about a variety of topics, such as work, hobbies, food and places

- ☐ Describe present states, habits and facts

- ☐ Expand initial conversations

¡MUY BIEN!

¡ASÍ ES LA VIDA!

THAT'S LIFE!

Talk about your day-to-day life

Fast Functions – By the end of this section, I will be able to:

**DESCRIBE MY TYPICAL DAY • READ ABOUT OTHERS' TYPICAL DAY • USE QUESTION WORDS •
INTERVIEW OTHERS ON VARIOUS TOPICS • DESCRIBE ACTIONS HAPPENING NOW**

EL PRESENTE SIMPLE – VERBOS IRREGULARES

1. Combina la frase o la oración con la imagen adecuada.

a.

1. **<u>Salgo</u> con mis amigos todos los sábados.**

b.

2. **¿A qué hora <u>almuerzas</u>?**

c.

3. **No <u>jugamos</u> voleibol, pero <u>jugamos</u> baloncesto.**

d.

4. **Ellos <u>ven</u> televisión en los fines de semana.**

5. **Ella <u>se ducha</u>, <u>se viste</u>, y <u>se maquilla</u> todas las mañanas.**

e.

Respuestas: 1b, 2a, 3d, 4c, 5e

6

GRASPING GRAMMAR

Los verbos en la página 9 están conjugados en el presente simple. Usamos el presente simple para hablar de rutinas, acciones habituales, y estados en el presente.

Hay muchos verbos con conjugaciones irregulares en el presente. Completa las conjugaciones de estos verbos irregulares, usando tu intuición.

ALGUNOS VERBOS IRREGULARES EN EL PRESENTE

	VER (TO SEE)	SALIR (TO GO OUT)	VESTIRSE (TO DRESS ONESELF)	ALMORZAR (TO HAVE LUNCH)	JUGAR (TO PLAY)
yo (I)		salgo			juego
tú (you - informal)		sales	te vistes	almuerzas	
él/ella/usted (he/she/you, formal)	ve				
nosotros/as (we)		salimos		almorzamos	jugamos
ellos/ellas (they)/ **ustedes** (y'all)	ven		se visten		

Las respuestas correctas están en la página 88.

PREGUNTAS SOBRE LA GRAMÁTICA

1. ¿Qué semejanzas (similarities) hay entre la conjugación de los verbos "almorzar" y "jugar"?

2. ¿En qué letra terminan todos los verbos conjugados en la forma "tú"?

3. ¿Ves otros patrones (patterns)?

Las respuestas correctas están en la página 88.

QUIZ AND BE QUIZZED!

¿Cómo se dice "veo" en inglés?

¿Cómo se dice "you get dressed," singular informal en español?

¿Cómo se dice "we eat lunch" en español?

¿Cómo se dice "juegan" en inglés?

¿Cómo se dice "I go out" en español?

¿Cómo se dice "she sees" en español?

¿Cómo se dice "salen" en inglés?

¿Cómo se dice "they play" en español?

¿Cómo se dice "he gets dressed" en español?

"I see."

"Te vistes."

"Almorzamos."

"Y'all play, They play."

"Salgo."

"Ve."

"They go out, Y'all go out."

"Juegan."

"Se viste."

1. **HABLA** CON OTRA PERSONA EN ESPAÑOL.

a) ¿A qué hora sales del trabajo todos los días?

   Generalmente, ¿sales durante los fines de semana? ¿Con quién sales? ¿Qué haces?

   ¿También sales durante la semana? ¿Adónde sales?
   ¿Con quién sales?

b) ¿A qué hora almuerzas? ¿Con quién almuerzas? ¿Almuerzas en tu casa, o en el trabajo?

c) ¿Juegas tenis? ¿Juegas baloncesto? ¿Juegas fútbol? ¿Juegas otros deportes? ¿Con quién? ¿Cuántas veces por semana juegas?

   ¿Juegas cartas? ¿Scrabble? ¿Otros juegos?

   ¿Juegas juegos de video? ¿Cuáles?

   ¿Y tus amigos? ¿Ellos juegan deportes o juegos? ¿Cuáles?

d) ¿Ves mucha televisión? ¿Cuáles son tus programas preferidos? ¿Ves telenovelas? ¿Comedias? ¿Dramas de policía?

EL PRESENTE SIMPLE – VERBOS REGULARES

1. Completa las conjugaciones de estos verbos regulares en español, usando tu intuición.

	HABLAR (TO TALK, TO SPEAK)
yo (I)	hablo
tú (you - informal)	
él/ella/usted (he/she/you, formal)	
nosotros/as (we)	
ellos/ellas (they)/ **ustedes** (y'all)	

	COMER (TO EAT)
yo (I)	
tú (you - informal)	
él/ella/usted (he/she/you, formal)	come
nosotros/as (we)	
ellos/ellas (they)/ **ustedes** (y'all)	comen

	ESCRIBIR (TO WRITE)
yo (I)	
tú (you - informal)	escribes
él/ella/usted (he/she/you, formal)	escribe
nosotros/as (we)	
ellos/ellas (they)/ **ustedes** (y'all)	

Las respuestas correctas están en la página 88.

GRASPING GRAMMAR
PREGUNTAS SOBRE LA GRAMÁTICA

1) ¿Qué semejanzas (similarities) hay entre las conjugaciones de los verbos en "-er" y en "-ir"?
2) ¿En qué letra terminan todos los verbos conjugados en la forma "tú"?
3) ¿Puedes ver otros patrones (patterns)?

Las respuestas correctas están en la página 88.

¿Cómo se dice "I eat"?
¿Cómo se dice "They speak"?
¿Cómo se dice "She writes"?

"Como."
"Hablan."
"Escribe."

Practica con otros verbos regulares.

¿Cómo se dice "You (informal, sing.) live"?
¿Cómo se dice "We read"?

"Vives."
"Leemos."

¡PRACTICA!

1. **HABLA** CON OTRA PERSONA EN ESPAÑOL.

a) ¿Cuántos idiomas hablas? ¿Cuáles?

¿Con quién hablas español? ¿Con quién hablas inglés? ¿Hablas español en el trabajo?

¿Con quién hablas cuando estás triste? ¿...feliz? ¿...preocupado/a?

b) ¿Comes mucho en restaurantes, o comes en tu casa? ¿Generalmente comes comida saludable (healthy), o comida rápida?

¿Qué come tu familia? ¿Tu esposo/a? ¿Qué comen tus hijos?

c) ¿Lees muchos libros o revistas? ¿Cuándo lees? ¿Qué tipo de libros o revistas lees?

d) ¿Escribes mucho en la computadora? ¿Escribes muchos correos electrónicos? ¿Escribes informes o reportes para el trabajo?

¿Escribes notas a mano, también? ¿En qué ocasiones?

e) ¿Dónde vives? ¿Vives en una casa o un apartamento? ¿En qué parte de la ciudad vives? Y tus amigos, ¿dónde viven?

UNA VIDA MUY LLENA

1. Lee estos verbos. ¿Entiendes todas las palabras? Usa el glosario o un diccionario.

- tomar una pausa
- irse para la casa
- dejar a los niños en la escuela

- peinarse
- maquillarse
- desayunar

- manejar
- cenar
- pasar tiempo con su esposo

2. Mira la foto de María con su familia.

3. Imagina: ¿De dónde es María? ¿Cuántos años tiene? ¿En qué trabaja? ¿Qué hace en su tiempo libre? ¿Cómo se llaman sus hijos y su esposo? ¿Cuántos años tienen? ¿Qué hacen? ¿Son estudiantes, o trabajan?

4. ¿Cuáles actividades hace María todos los días? ¿Cómo es su día típico? Usa tu imaginación.

5. Lee el texto sobre la vida de María, y compara el texto con tus ideas. ¿De dónde es María? ¿Cuántos años tiene? ¿En qué trabaja? ¿Qué hace en su tiempo libre? ¿Y sus hijos y su esposo?

DJ: Hoy en "Mujeres Modernas" tenemos a María Quiñones, madre, esposa, y empleada de banco. Hola, María. Gracias por estar aquí con nosotros en KS01, la mejor estación de radio en toda la ciudad.

Estamos hablando de la vida de las mujeres de hoy. Las mujeres modernas tienen que balancear muchas cosas. ¿Cómo es un día típico en tu vida, María?

María: Bueno, primero preparo el desayuno para los niños y para mi esposo, Todd. Desayunamos todos juntos y luego Todd deja a los niños en la escuela. Mientras él los lleva, yo me baño, me visto y me maquillo. Entonces manejo a mi oficina. Trabajo en el centro. Trabajo desde las nueve de la mañana hasta las seis de la tarde, con unas pausas antes y después del almuerzo.

A mediodía, salgo de la oficina y voy al gimnasio por media hora. A las doce y media almuerzo en un restaurante de comida rápida con mis colegas. Tengo que comer muy de prisa, porque a la una vuelvo al trabajo. Salgo del trabajo bastante tarde y en general estoy cansada. Pero aun así, me gusta pasar tiempo con mi familia. Cenamos a las seis, y luego de seis y media a nueve y media vemos televisión, o jugamos Scrabble.

En los fines de semana, Todd y yo dejamos a los niños con mi madre y salimos a bailar o al cine.

Tengo muchas cosas que hacer, pero me siento muy afortunada. Tengo una familia maravillosa, un buen trabajo, y colegas simpáticos.

6. Lee la entrevista otra vez y contesta las preguntas. ¿Cierto o falso?

a. María es una DJ famosa.

b. María está divorciada.

c. María está muy ocupada por la mañana porque ella necesita preparar el desayuno y llevar a los niños a la escuela.

d. María hace ejercicio después del trabajo, de noche.

e. El trabajo de María le permite una hora de pausa para el almuerzo.

f. María trabaja en una zona central de la ciudad.

g. María y Todd salen juntos a veces.

h. A María no le gusta su vida porque piensa que es muy difícil y tiene mucho estrés.

Respuestas: FCCFCCCF

7. ¿En qué orden hace María estas actividades? Completa la primera columna con números de 1-14, cronológicamente. Si María no hace una actividad, escribe una X.

María   **Yo**

María	Yo	Actividad
☐	☐	almorzar
☐	☐	tomar una pausa
☐	☐	terminar el trabajo
☐	☐	irse para la casa
X	☐	dejar a los niños en la escuela
2	☐	bañarse
☐	☐	maquillarse
☐	☐	vestirse
1	☐	desayunar
☐	☐	manejar al trabajo
☐	☐	trabajar
☐	☐	cenar
☐	☐	ir al gimnasio
☐	☐	pasar tiempo con el novio/novia/esposo/esposa/familia/amigos, etc.
☐	☐	salir de noche

Las respuestas correctas están en la página 89.

8. ¿En qué orden haces tú estas actividades en un día normal? Completa la segunda columna.

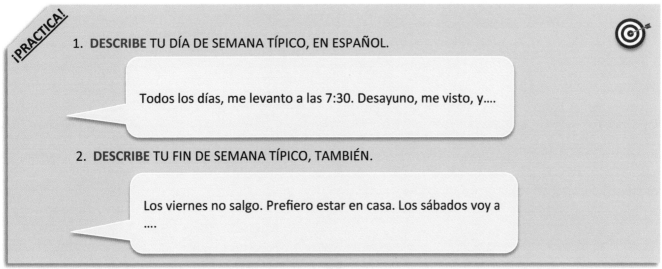

¡PRACTICA!

1. **DESCRIBE** TU DÍA DE SEMANA TÍPICO, EN ESPAÑOL.

Todos los días, me levanto a las 7:30. Desayuno, me visto, y....

2. **DESCRIBE** TU FIN DE SEMANA TÍPICO, TAMBIÉN.

Los viernes no salgo. Prefiero estar en casa. Los sábados voy a ....

GRASPING GRAMMAR

En español, hay muchos verbos reflexivos. Algunos verbos reflexivos tienen una traducción literal en inglés: bañarse (to bathe oneself), vestirse (to dress oneself). Otros verbos reflexivos no tienen una traducción literal en inglés: (irse = to leave). Necesitas memorizar cuáles verbos son reflexivos.

1. Completa las conjugaciones de estos verbos reflexivos, usando tu intuición. Las respuestas están en la página 89.

ALGUNOS VERBOS REFLEXIVOS EN EL PRESENTE

	IRSE (TO LEAVE)	BAÑARSE (TO BATHE ONESELF)	VESTIRSE (TO DRESS ONESELF)	DUCHARSE (TO SHOWER ONESELF)	CEPILLARSE LOS DIENTES (TO BRUSH ONE'S TEETH)	MAQUILLARSE (TO PUT MAKEUP ON ONESELF)
yo (I)	me voy				me cepillo	
tú (you - informal)			te vistes	te duchas		
él/ella/usted (he/she/you, formal)		se baña				se maquilla
nosotros/as (we)		nos bañamos		nos duchamos		
ellos/ellas (they)/ **ustedes** (y'all)	se van		se visten	se duchan		

PRONOMBRES REFLEXIVOS

sujeto	reflexivo
yo	
tú	te
él/ella/usted	se
nosotros/as	
ellos/ellas/ustedes	se

2. Lee estas dos frases:

   a) Me visto por las mañanas, después de mi ducha.
   b) Prefiero bañarme de noche.

- ¿Cuál de las dos frases contiene un verbo reflexivo en la forma del infinitivo?
- ¿En la forma conjugada?
- ¿Cuál es la diferencia en la posición del pronombre reflexivo en estas dos oraciones?

Las respuestas correctas están en la página 89.

LET'S REVIEW!

1. Usamos el **pr_s_nt_ s_mp _ _** para hablar de **acciones habituales**, **costumbres**, **rutinas**, y **estados** en el presente.

2. Algunos verbos en el presente simple (y en casi todos los tiempos verbales en español) son **i_ _ egu_ a_es**.

3. Algunos verbos son **reg_ _ _ _ es**.

4. Los verbos en español terminan en las letras **-ar, -_r, -i_**.

5. También hay verbos **r_fl _ xiv_s** en español.

Respuestas: presente simple, irregulares, regulares, -er -ir, reflexivos

VOCABULARIO

ALGUNOS ADVERBIOS

1. Lee estos adverbios temporales. ¿Entiendes todas las palabras? Usa el glosario o un diccionario.

todos los días	**dos/tres/cuatro veces por semana**	**a menudo**
todas las semanas	**cada tres/cuatro/cinco días**	**siempre**
todos los meses	**mucho**	**casi siempre**
todos los años	**no...mucho**	**nunca**
un día sí y otro no	**en general**	**casi nunca**

¡PRACTICA!

1. **HABLA** CON OTRA PERSONA EN ESPAÑOL.

a) ¿Cómo es una semana típica en tu vida? Trabajas todos los días? ¿Qué tipo de cosas haces en el trabajo?

b) ¿Qué haces en tu tiempo libre? ¿Haces ejercicio? ¿Juegas deportes? ¿Cuándo? ¿Con quién?

c) ¿Siempre comes comida saludable (healthy), o a veces comes comida rápida? ¿Cuándo desayunas? ¿Cuándo almuerzas? ¿Cuándo cenas? En general, ¿cenas con tus amigos o con tu familia? ¿A qué hora vas a dormir?

d) ¿Qué haces en el verano? ¿En el invierno? ¿Vas de vacaciones?

e) ¿Tu esposo/esposa/novio/novia/hijos/amigos tienen rutinas similares? ¿Cómo es una semana típica para él/ella/ellos? ¿Qué hace(n) todos los días en el trabajo? ¿Juega(n) deportes? ¿Va(n) de vacaciones? etc...

18

PALABRAS INTERROGATIVAS – ¿QUIÉN? ¿QUÉ? ¿CUÁNDO? ¿DÓNDE?...

UNA HISTORIA DE AMOR

1. Combina la palabra interrogativa con la respuesta lógica:

1. ___ ¿Quién?	a.	Una docena.
2. ___ ¿Qué?	b.	Para María, ¡obvíamente!
3. ___ ¿Cuántas?	c.	Rosas rojas.
4. ___ ¿Dónde?	d.	Porque está muy enamorado de su esposa.
5. ___ ¿Cuál?	e.	Todd.
6. ___ ¿Cuándo?	f.	Treinta dólares.
7. ___ ¿Para quién?	g.	Con tarjeta de crédito.
8. ___ ¿Por qué?	h.	En una floristería.
9. ___ ¿Cuánto?	i.	La floristería al lado de la iglesia.
10.___ ¿Cómo?	j.	Todos los días.

Respuestas: e a h i j b d f g

¡PRACTICA!

1. **IMAGINA** CUÁL ES LA HISTORIA.

> Todos los días, Todd compra una docena de rosas para....

2. **HABLA** CON OTRA PERSONA EN ESPAÑOL. PRACTICA LAS PREGUNTAS Y LAS RESPUESTAS.

> ¿Quién compra las flores?
> ¿Dónde compra las flores?
> ¿Por qué compra las flores?

> Todd compra las flores.
> Compra las flores en la floristería.
> Porque está enamorado de su esposa.

GRASPING GRAMMAR

We use **Cuántos/Cuántas + noun**, or by itself, to ask about a quantity of nouns we can count. It has the same concept as "How many" in English.

- **¿Cuántos hermanos** tienes?
- **¿Cuántas sillas** hay en el salón de clase?
- – Tengo muchos hermanos. – **¿Cuántos**?

We use **Cuánto/Cuánta** to ask about a quantity of nouns we can't count. It has the same concept as "How much."

- **¿Cuánto** cuesta esta camisa?
- **¿Cuánta agua** quieres?

We use **Qué + noun** or **Cuál + noun** to ask someone to specify something. **Qué + noun** is more common.

- **¿Qué cerveza** prefieres? o **¿Cuál cerveza** prefieres?

We use **Cuál** by itself to ask someone to specify something when the noun is understood.
- A: Ese es mi carro.
- B: **¿Cuál**?

1. **ESCRIBE PREGUNTAS** COMPLETAS CON LAS PALABRAS EN LA PRIMERA COLUMNA.
2. **ESCRIBE TUS RESPUESTAS** EN LA SEGUNDA COLUMNA.
3. **ENTREVISTA** A OTRAS PERSONAS EN ESPAÑOL. ESCRIBE SUS RESPUESTAS EN LAS OTRAS COLUMNAS.

	YO	PERSONA #1	PERSONA #2	PERSONA #3
1) ¿Qué/carro/ manejar? *¿Qué carro manejas?*				
2) ¿Cuántos/ hermanos/tener? ¿_____?				
3) ¿Dónde/comer/en los fines de semana? ¿_____?				
4) ¿Cuándo/ver/ televisión? ¿_____?				
5) ¿Cuándo/ practicar/español? ¿_____?				
6) ¿Con quién/ir/de vacaciones/ generalmente? ¿_____?				
¡Inventa una pregunta! ¿_____?				

Respuestas posibles : 1) ¿Qué carro manejas? 2) ¿Cuántos hermanos tienes? 3) ¿Dónde comes en los fines de semana? 4) ¿Cuándo ves televisión? 5) ¿Cuándo practicas español? 6) ¿Con quién vas de vacaciones generalmente?

¡AHORA MISMO!

PRESENTE PROGRESIVO

1. Mira las fotos y lee las frases.

En la foto, tú <u>estás cantando</u>.   **Ustedes <u>están comiendo</u>.**   **El profesor <u>está escribiendo</u>.**

GRASPING GRAMMAR

Usamos el presente progresivo para hablar de acciones en este momento o en este período.
Formamos el presente progresivo con la conjugación del verbo "estar" + "-ando" o "-iendo".*

EL PRESENTE PROGRESIVO

	ESTAR
yo	estoy
tú	estás
él/ella/usted	está
nosotros/as	estamos
ellos/ellas/ustedes	están

+

VERBOS EN -AR		
jugar		jugando
hablar	-ando =	hablando
estudiar		estudiando

VERBOS EN -ER		
comer		comiendo
hacer	-iendo =	haciendo
aprender		aprendiendo

VERBOS EN -IR		
vivir		viviendo
escribir	-iendo =	escribiendo
salir		saliendo

*La forma que termina en **-ando** o **-iendo** se llama el **gerundio**. También hay **gerundios irregulares**, como **durmiendo** (verbo dormir), **oyendo** (verbo oír), y **leyendo** (verbo leer). Consulta una gramática del español para una lista más completa de gerundios irregulares.

¡PRACTICA!

1. **HABLA** CON OTRA PERSONA EN ESPAÑOL.

a) ¿Qué estás haciendo ahora mismo? ¿Qué está haciendo tu esposo/esposa/novio/ novia/amigo/amiga? ¿Qué está haciendo tu familia?

b) ¿Qué están haciendo tus compañeros de clase? ¿Qué está haciendo tu profesor(a)?

c) ¿Qué haces todos los días en el trabajo, generalmente? ¿Qué estás haciendo en este período en el trabajo? ¿Tienes algún proyecto especial?

d) ¿Tienes algún proyecto especial en tu vida ahora (salud, estudios, etc)?

e) ¿Estás leyendo algún libro ahora? ¿Qué libro?

I CAN DO IT IN SPANISH!

CHECK YOUR PROGRESS!
After Sección 2, I can:

☐ **Describe my typical day**

☐ **Read about others' typical day**

☐ **Use question words**

☐ **Interview others on various topics**

☐ **Describe actions happening now**

¡MUY BIEN!

¿QUÉ PASÓ?

What happened?

Talk about past events and occasions

Fast Functions — By the end of this section, I will be able to:

TALK ABOUT PAST EVENTS IN MY LIFE • TALK ABOUT PAST EVENTS IN OTHERS' LIVES • TELL STORIES IN THE PAST • PINPOINT EVENTS IN TIME, USING ADVERBS • USE OBJECT PRONOUNS

---

1. Ana está hablando sobre sus vacaciones. Lee las oraciones. Nota los verbos <u>subrayados</u>.

ALBUM 2010
Ana y Alex

En el 2010, <u>viajé</u> a Francia. <u>Fui</u> con mi esposo. <u>Estuvimos</u> en París por una semana. <u>Hicimos</u> muchas cosas interesantes. <u>Fuimos</u> a la Torre Eiffel, y <u>comimos</u> en restaurantes deliciosos.

GRASPING GRAMMAR
PRETÉRITO SIMPLE – VERBOS IRREGULARES

Los verbos en la página 24 están conjugados en el pretérito. Usamos el pretérito para hablar de acciones consideradas eventos y ocasiones en el pasado.

Hay muchos verbos con conjugaciones irregulares en el pretérito. Lee las conjugaciones de estos verbos irregulares.

ALGUNOS VERBOS IRREGULARES EN EL PRETÉRITO

	TENER (TO HAVE)	ESTAR (TO BE)	SER (TO BE)	IR (TO GO)	QUERER (TO WANT)	HACER (TO DO/ MAKE)	PONER (TO PUT)
yo (I)	tuve	estuve	fui	fui	quise	hice	puse
tú (you - informal)	tuviste	estuviste	fuiste	fuiste	quisiste	hiciste	pusiste
él/ella/usted (he/she/you, formal)	tuvo	estuvo	fue	fue	quiso	hizo	puso
nosotros/as (we)	tuvimos	estuvimos	fuimos	fuimos	quisimos	hicimos	pusimos
ellos/ellas (they)/ **ustedes** (y'all)	tuvieron	estuvieron	fueron	fueron	quisieron	hicieron	pusieron

PREGUNTAS SOBRE LA GRAMÁTICA

1) ¿Qué semejanzas (similarities) hay entre las conjugaciones de "ser" y "estar"?
2) ¿Entre "ir" y "ser"?
3) ¿Entre "querer", "hacer," y "poner" (especialmente "querer" y "hacer")?

Las respuestas correctas están en la página 89.

QUIZ AND BE QUIZZED!

¿Cómo se dice "I had"?
¿Cómo se dice "She wanted"?
¿Cómo se dice "We put"?

"Tuve."
"Quiso."
"Pusimos."

¡UN ERROR TRÁGICO!

1. Mira las imágenes y lee las palabras. Forma oraciones completas.
2. Forma una historia. Memoriza toda la historia.

 Ayer/ser/ cumpleaños/Miguel.	 (Nosotros)/hacer/ fiesta/mi casa.	 (Yo)/hacer/pastel./ Celina/ponerle/ muchas velas.	 Todos sus amigos/ querer ayudar/ decoraciones.
 (Tú)/ir/tienda/por el regalo.	 (Nosotros)/estar/mi casa/hasta la 1 de la mañana.	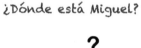 ¿Dónde está Miguel?  Pero/Miguel/no/ir/ fiesta...	 ...porque/su cumpleaños/ser en mayo, ¡no en julio!...

3. Cubre las palabras y mira solo las fotos. Repite la historia muchas veces, hasta memorizarla.
4. Cierra (close) el libro, y repite la historia a memoria.
5. Cubre la historia arriba. Escribe la historia exacta aquí:

Ayer fue el cumpleaños de Miguel. Hicimos....

Lee la historia en la página 89.

EL PRETÉRITO SIMPLE – VERBOS REGULARES

1. Completa las conjugaciones de estos verbos regulares en el pretérito. Usa tu intuición.

	HABLAR (TO SPEAK, TO TALK)
yo (I)	hablé
tú (you - informal)	hablaste
él/ella/usted (he/she/you, formal)	
nosotros/as (we)	
ellos/ellas (they)/ **ustedes** (y'all)	hablaron

	COMER (TO EAT)
yo (I)	comí
tú (you - informal)	
él/ella/usted (he/she/you, formal)	comió
nosotros/as (we)	comimos
ellos/ellas (they)/ **ustedes** (y'all)	

	ESCRIBIR (TO WRITE)
yo (I)	escribí
tú (you - informal)	
él/ella/usted (he/she/you, formal)	
nosotros/as (we)	escribimos
ellos/ellas (they)/ **ustedes** (y'all)	

Las respuestas correctas están en la página 90.

GRASPING GRAMMAR

¿Qué semejanzas (similarities) hay entre las conjugaciones de los verbos en "-er" y los verbos en "-ir"?

Las respuestas correctas están en la página 90.

QUIZ AND BE QUIZZED!

¿Cómo se dice "I wrote"?
¿Cómo se dice "They ate"?

"Escribí."
"Comieron."

26

VOCABULARIO

ALGUNOS ADVERBIOS

1. Lee estos adverbios temporales. ¿Entiendes todas las palabras? Usa el glosario o un diccionario.

ayer	hace tres/cuatro/diez días	una vez
antier/anteayer/el día antes de ayer	el año pasado	en 1997
el otro día	la semana pasada	la última vez que

¡PRACTICA!

1. **HABLA** CON OTRA PERSONA EN ESPAÑOL.

a) ¿Qué hiciste ayer? Describe tu día.

b) ¿Qué hiciste el fin de semana pasado? ¿Qué hizo tu esposo/esposa/ novio/novia/amigo/amiga?

c) ¿Qué hiciste en tus últimas vacaciones? ¿Adónde fuiste? ¿Con quién? ¿Qué actividades hiciste? ¿Por cuánto tiempo estuvieron allí?

d) ¿Cuándo empezaste a aprender español? ¿Dónde? ¿Con quién? ¿Por qué?

e) ¿Cuándo terminaste la escuela superior? ¿La universidad? ¿Cuándo empezaste tu trabajo?

f) ¿Cuándo fuiste con tus amigos al cine por última vez? ¿Qué película vieron?

g) ¿Qué compraste la última vez en el supermercado? ¿En el centro comercial?

PRONOMBRES DIRECTOS E INDIRECTOS

sujeto	objeto directo	objeto indirecto
yo	me	me
tú	te	te
él/ella/usted	lo/la	le
nosotros/as	nos	nos
ellos/ellas/ustedes	los/las	les

PRONOMBRES DIRECTOS: Usamos los pronombres directos para sustituir un sustantivo (noun), cuando el sustantivo es el objeto directo del verbo:

- Leo el periódico todos los días. Lo leo porque es interesante. (el periódico = lo)
- Tengo dos hijas y las llevo a la escuela por la mañana. (dos hijas = las)
- Tenemos un tío muy rico que nos lleva al cine mucho. ((nosotros) = nos)

PRONOMBRES INDIRECTOS: Usamos los pronombres indirectos para sustituir un sustantivo (noun), cuando el sustantivo es el objeto indirecto del verbo:

- A mi mamá le gusta ir al cine. (mi mamá = le)
- El tío rico les da muchos regalos a los niños. (los niños = les)
- Él les ayuda a sus estudiantes con la tarea. (sus estudíantes = les)

¿DÓNDE PONEMOS EL PRONOMBRE?: En general, el pronombre va antes del verbo.

- "**Me gusta** bailar".
- "**Lo leo** porque es interesante."

Pero con infinitivos e imperativos, va después del verbo y forman una palabra.

- "Puedes **ayudarme**?"
- "**Llévalas** a la escuela."

¡PRACTICA!

1. COMPLETA LOS ESPACIOS CON EL PRONOMBRE CORRECTO (ME, TE, LO/LA, LOS/LAS, NOS, LE, LES). LAS RESPUESTAS ESTÁN EN LA PÁGINA 90.

1) Mi amigo me dijo que _____ llamó ayer, pero yo no estaba en casa.

2) - ¿Esos libros son tuyos?

   - Sí, _____ compré en Escocia el año pasado.

3) - ¿Cuándo haces la tarea de español?

   - _____ hago por las tardes, después del trabajo.

4) A mis hermanos y a mí _____ gusta ir al cine, pero a mis padres _____ gusta el teatro.

5) Laura es muy afortunada. Su novio _____ compra cosas muy bonitas.

6) ¿Puedes ayudar___ con estos paquetes? Estoy bastante cansada y no soy muy fuerte.

7) ¡No ___ invito a mi fiesta porque eres un idiota!

8) ¿Estás hablando con Enrique por teléfono? Por favor, pregunta___ cuándo viene a visitar___.

   Los niños y yo___ queremos ver pronto.

9) ¿___ gusta jugar tenis o prefieres jugar golf?

10) - ¿Ves las telenovelas?

    - Sí, pero a veces _____ encuentro muy melodramáticas.

LET'S REVIEW!

1. Usamos el **pr_t_ri_o** para hablar de acciones en el pasado, consideradas **eventos** u **ocasiones**.

2. Algunos verbos en el pretérito (y en casi todos los tiempos verbales en español) son **i_ _ egu_ a_es**.

3. Algunos verbos son **reg_ _ _ _ es**.

4. Los verbos en español terminan en las letras **-ar, -_r, -i_**.

5. Usamos algunos adverbios temporales comúnmente (pero no siempre) con el pretérito:
   - **Ayer** fuimos a una fiesta.
   - **El año pasado** viajé a España, etc.

6. En español hay pronombres de sujeto (yo, tú, él/ella/usted, nosotros/as, ellos/ellas/ustedes), pronombres reflexivos (me, te, se, nos), y **pronombres de objeto directo** (me, te, lo/la, nos, los/las) e **indirecto** (me, te, le, nos, les). Usamos los pronombres de objeto directo e indirecto para sustituir sustantivos que son el objeto del verbo.

Respuestas: pretérito, irregulares, regulares, -er -ir

¡PRACTICA!

1.   REPASA (REVIEW) LAS COSAS QUE APRENDISTE EN LA SECCIÓN 3.

a) ¿Recuerdas la historia de la fiesta de Miguel? En esa historia hay muchos verbos irregulares en el pretérito. Lee la historia en la página 25 otra vez rápidamente, y repítela.

b) Practica los ejercicios "QUIZ AND BE QUIZZED" en las páginas 24 y 26.

c) Escribe los adverbios temporales asociados con el pasado:
   - Ayer
   - Antier
   - La semana pasada
   - etc....

d) Describe tu día ayer. Describe tus últimas vacaciones.

e) Repasa la página 28 y los pronombres directos e indirectos. Recuerda la distinción entre **lo/la/le** y **los/las/les**. Los otros pronombres son muy fáciles.

I CAN DO IT IN SPANISH!

CHECK YOUR PROGRESS!
After Sección 3, I can:

☐   **Talk about past events in my life**

☐   **Talk about past events in others' lives**

☐   **Tell stories in the past**

☐   **Pinpoint events in time, using adverbs**

☐   **Use object pronouns**

¡MUY BIEN!

RECUERDOS
MEMORIES
Talk about past activities, habits, and states and situations

Fast Functions — By the end of this section, I will be able to:

**DESCRIBE MY PAST ACTIVITIES, STATES AND ROUTINES •
DESCRIBE OTHERS' PAST ACTIVITIES, STATES, AND ROUTINES • SHARE CHILDHOOD MEMORIES
• READ OTHERS' MEMORIES • SITUATE ACTIVITIES IN PAST PERIODS, USING ADVERBS**

1. Teresa está hablando sobre su niñez (childhood). Lee las oraciones. Nota los verbos <u>subrayados</u>.

Cuando yo <u>era</u> niña, <u>vivía</u> con mis padres y mis hermanos en España.

También <u>teníamos</u> un perro. Todos los veranos <u>íbamos</u> de vacaciones a

las Islas Canarias. <u>Caminábamos</u> en la playa, y <u>jugábamos</u> con los niños

del pueblo. ¡<u>Nos divertíamos</u> mucho en esas vacaciones!

GRASPING GRAMMAR
IMPERFECTO – VERBOS REGULARES E IRREGULARES

Los verbos en la página 31 están conjugados en el tiempo pasado imperfecto. Usamos el imperfecto para hablar de acciones consideradas situaciones o procesos en el pasado. También usamos el imperfecto para hablar de rutinas, costumbres, y acciones habituales.

No hay muchos verbos con conjugaciones irregulares en el imperfecto. Casi todos los verbos son regulares.

VERBOS REGULARES EN EL IMPERFECTO

1. Completa estas conjugaciones, usando tu intuición.

	TOMAR (TO TAKE, TO DRINK)
yo (I)	tomaba
tú (you - informal)	tomabas
él/ella/usted (he/she/you, formal)	
nosotros/as (we)	tomábamos
ellos/ellas (they)/ **ustedes** (y'all)	

	COMER (TO EAT)
yo (I)	comía
tú (you - informal)	comías
él/ella/usted (he/she/you, formal)	
nosotros/as (we)	
ellos/ellas (they)/ **ustedes** (y'all)	comían

	VIVIR (TO LIVE)
yo (I)	vivía
tú (you - informal)	
él/ella/usted (he/she/you, formal)	vivía
nosotros/as (we)	
ellos/ellas (they)/ **ustedes** (y'all)	vivían

VERBOS IRREGULARES EN EL IMPERFECTO

2. Solo hay dos verbos irregulares en el imperfecto. Completa estas conjugaciones.

	SER (TO BE)
yo (I)	era
tú (you - informal)	
él/ella/usted (he/she/you, formal)	
nosotros/as (we)	éramos
ellos/ellas (they) **ustedes** (y'all)	eran

	IR (TO GO)
yo (I)	
tú (you - informal)	ibas
él/ella/usted (he/she/you, formal)	iba
nosotros/as (we)	
ellos/ellas (they) **ustedes** (y'all)	iban

Las respuestas correctas están en la página 90.

QUIZ AND BE QUIZZED!

¿Cómo se dice "She was" o "She used to be"?
¿Cómo se dice "He drank" o "He used to drink"?
¿Cómo se dice "They lived"? o "They used to live"?

"Era."
"Tomaba."
"Vivían."

En general en mi niñez...

Muchas veces...

Diferentes veranos...

Un día...

1. Lee la historia de Teresa, sobre su niñez.

Cuando yo era niña, vivía en Barcelona con mis padres y mis dos hermanos, José y Simón. También teníamos un perro que se llamaba Rey y un pájaro que se llamaba Lorito. Todos los días yo iba a la escuela con mis hermanos. Mi madre trabajaba como consejera en una escuela, y mi padre era gerente en una compañía. Mi familia no tenía mucho dinero, pero vivíamos felices.

Me gustaba mucho la escuela. Siempre fui buena estudiante. Mi materia preferida era la geografía, pero no me gustaba la matemática. Mis hermanos jugaban muchos deportes, pero yo no era muy atlética. Prefería leer.

De hecho, mis hermanos y yo no hacíamos muchas cosas juntos en Barcelona durante el año. Pero casi todos los veranos íbamos juntos a las Islas Canarias a visitar a nuestros abuelos, y nos gustaba ir juntos a la playa. A veces jugábamos con los niños de los vecinos, y con nuestros primos, claro.

Tengo muchos recuerdos bonitos de esos veranos en las Islas Canarias, pero mi recuerdo preferido es el día en que el perro destruyó el sofá de casa. Mi madre se enojó mucho y puso al perro fuera de casa. Mi hermano Simón se sintió muy triste por el perro, y se escapó de casa con él. Caminaron hasta la estación de bus, y comieron una tortilla fría. Bueno, mi hermano comió la tortilla, y el perro solo tomó un poco de agua. Mi padre manejó hasta la estación por ellos, y regresaron todos juntos a casa. Mi madre prometió ser más paciente con el perro. Al día siguiente, fuimos a la playa y pasamos un día muy agradable.

Nos divertimos mucho en esos veranos. Ahora somos todos adultos, pero nos gusta hablar de esas cosas bonitas y recordar con nostalgia esos momentos especiales.

2. Contesta las preguntas. Las respuestas están en la página 90.

a. ¿Dónde vivía la familia de Teresa cuando ella era chica?

b. ¿Cuántos animales tenían y cómo se llamaban?

c. ¿Cuántos hermanos tenía y cómo se llamaban?

d. ¿Cuál materia le gustaba en la escuela, y cuál no le gustaba?

e. ¿Cuál era su actividad preferida durante el año? ¿Qué hacían sus hermanos?

f. ¿Cómo pasaba los veranos su familia? ¿Adónde iban y a quiénes visitaban?

g. ¿Con quiénes jugaban Teresa y sus hermanos durante el verano?

h. ¿Qué pasó con el perro en una ocasión? ¿Por qué hubo un problema con el perro? ¿Qué hizo la mamá de Teresa? ¿Qué hizo el hermano? ¿Qué hizo su padre? ¿Cómo resolvieron el problema?

GRASPING GRAMMAR
PREGUNTAS SOBRE LA GRAMÁTICA

1. Subraya los verbos en el texto. ¿Cuáles están en el imperfecto? ¿Cuáles están en el pretérito?
2. En el texto, ¿por qué los verbos en el párrafo 4 están en el pretérito?
3. Completa las frases:

   a) Usamos el _____ para describir un estado, o una situación en el pasado, o para hablar de una acción habitual o repetida.

   a) Usamos el _____ para reportar una acción en el pasado, que consideramos un evento.

4. ¿Cuáles son los adverbios temporales en el texto? ¿Puedes pensar en otros adverbios que se usan mucho con el imperfecto?

Respuestas: imperfecto, pretérito simple

¡PRACTICA!

1. **HABLA** CON OTRA PERSONA EN ESPAÑOL.

   a) ¿Dónde vivía tu familia cuando eras niño/a?

   b) ¿Cómo era tu casa o tu apartamento?

   c) ¿Tienes/tenías hermanos? ¿Cuántos? ¿Vivían contigo? ¿Con quién vivías?

   d) ¿Tenían mascotas (animales domésticos)? ¿Qué tipo? ¿Cómo se llamaban?

   e) ¿Cómo era tu escuela? ¿Cuáles eran tus materias preferidas? ¿Cuáles no te gustaban?

   f) ¿Qué hacías en tu tiempo libre? ¿Con quién? ¿Qué tipo de deportes o juegos hacías?

   g) ¿Adónde iba tu familia de vacaciones?

   h) ¿Tienes algunos recuerdos especiales? Piensa en algunos eventos pasados, y completa las frases:
   - "Una vez, cuando yo era niño/a, en la escuela..."
   - "Una vez, cuando yo era niño/a, durante las vacaciones de verano/de Navidades, etc..."
   - "Una vez, cuando yo era niño/a, mi hermaño/hermana/amigo/amiga...."

LET'S REVIEW!

PRETÉRITO VERSUS IMPERFECTO – CONCEPTO, FUNCIÓN, Y USOS

1. Usamos el **pr_t_ri_o** simple para hablar de acciones en el pasado, consideradas **eventos** u **ocasiones**.

2. Usamos el **imp_ _ fe_to** para hablar de acciones en el pasado, consideradas **situaciones**, **actividades**, **costumbres**, **acciones repetidas**.

3. Usamos algunos adverbios temporales comúnmente (pero no siempre) con el pretérito:

   - **Ayer** fuimos a una fiesta.
   - **El año pasado** viajé a España.

4. Usamos algunos adverbios temporales comúnmente (pero no siempre) con el imperfecto:

   - **De niña**, vivía con mi familia.
   - **Todos los años**, viajaba a España.

Respuestas: pretérito, imperfecto

PRETÉRITO VERSUS IMPERFECTO – CONSTRUCCIÓN, CONJUGACIÓN Y FORMAS

1. Hay muchos verbos irregulares y muchos verbos regulares en el pretérito. Estudia las tablas en las páginas 24 y 26 y aprende las conjugaciones.

2. Hay muchos verbos regulares y solo dos verbos irregulares (ser, ir) en el imperfecto. Estudia las tablas en la página 32, y aprende las conjugaciones.

LET'S REVIEW!

1. Escribe una página sobre tu niñez (childhood), tus años en la escuela, tu adolescencia, u otras situaciones y eventos en tu pasado. Puedes usar tus repuestas a las preguntas en la página 35 para ayudarte.

Cuando yo era niño/niña/adolescente/más joven...

_____

_____

_____

_____

_____

_____

_____

_____

_____

Un día/Un verano/En una ocasión...

_____

_____

_____

_____

_____

_____

_____

I CAN DO IT IN SPANISH!

CHECK YOUR PROGRESS!
After Sección 4, I can:

- [ ] **Describe my past activities, states, and routines**

- [ ] **Describe others' past activities, states, and routines**

- [ ] **Share childhood memories**

- [ ] **Read others' memories**

- [ ] **Situate activities in past periods, using adverbs**

¡MUY BIEN!

Sección 5   ¿TIENES PLANES?

GOT PLANS?
Talk about the future

Fast Functions — By the end of this section, I will be able to:

TALK ABOUT MY PLANS • TALK ABOUT MY GOALS AND ASPIRATIONS • TALK ABOUT OTHERS' PLANS AND GOALS • READ ABOUT THE FUTURE • MAKE PREDICTIONS

1. Imagina que hoy es martes. Lee la agenda de Nina.

COSAS PARA HACER ESTA SEMANA

MIÉRCOLES (mañana) - estudiar español; ir a mi clase de yoga

JUEVES - salir con mi esposo

VIERNES - visitar a mis padres en su pueblo

SÁBADO - regresar a mi casa

DOMINGO - comprar un regalo para Miguel; ir a su fiesta

LUNES - llegar temprano al trabajo; ayudar con un proyecto

MARTES – estudiar español

2. Lee la conversación de Nina con un amigo.

Tengo una semana muy llena. Mañana voy a estudiar español, y después voy a ir a mi clase de yoga. El viernes voy a visitar a mis padres en su pueblo, y el sábado voy a regresar a la ciudad para comprar el regalo de Miguel porque es su cumpleaños. El lunes voy a llegar temprano al trabajo porque tengo un proyecto nuevo. El martes voy a estudiar español otra vez.

GRASPING GRAMMAR

Los verbos en la conversación de Nina están en la forma de ir a + verbo (a veces llamado futuro inmediato*). Usamos ir a + verbo para hablar de planes e intenciones en el futuro. Sabemos ahora nuestros planes para el futuro.

*"Futuro inmediato" no es un nombre lógico para esta forma verbal, porque también la usamos para hablar del futuro distante:

- Mañana voy a comprar una casa. ✔
- En diez años, voy a comprar una casa. ✔

Formamos ir a + verbo con la conjugación adecuada del verbo ir, la preposición a y el infinitivo del verbo principal.

	IR
yo	voy
tú	vas
él/ella/usted	va
nosotros/as	vamos
ellos/ellas/ustedes	van

INFINITIVO
hacer
salir
visitar
comprar
etc.

\+ a + ... =

voy a hacer*
va a salir*
van a visitar
vamos a comprar
etc...

*Remember vowel linking as an important part of pronunciation! Refer to page d for clarification.

¡PRACTICA!

1. **HABLA** CON OTRA PERSONA EN ESPAÑOL.

a) Mira la agenda de Nina en la página 39. Imagina que eres Nina. Habla de tus planes en primera persona: *"Mañana, voy a hacer la tarea…."*

b) Habla de los planes de Nina, en tercera persona, en oraciones completas: *"Mañana, Nina va a hacer la tarea…."*

c) Mira tu agenda, o escribe una lista de cosas para hacer esta semana. Usa la próxima página para escribir algunas ideas. Habla de tus planes.

d) ¿Qué vas a hacer después de estudiar español hoy? ¿Después del trabajo? ¿Qué vas a hacer mañana?

e) ¿Qué vas a hacer este fin de semana?

f) ¿Tienes planes para tus próximas vacaciones? ¿Qué vas a hacer? ¿Adónde vas a ir? ¿Con quién?

1. **ESCRIBE** ALGUNAS NOTAS SOBRE LAS COSAS QUE VAS A HACER EN ESTOS DÍAS. HABLA CON OTRA PERSONA SOBRE TUS PLANES E INTENCIONES.

COSAS PARA HACER EN CASA

-
-
-
-

COSAS PARA HACER EN EL TRABAJO

-
-
-
-

COSAS PARA HACER PARA/CON FAMILIA/AMIGOS

-
-
-
-

lunes	martes	miércoles	jueves	viernes	sábado	domingo

¡UNA FUTURA ESTRELLA!

1. Lee el correo electrónico que Laura le escribe a su amigo Antonio.

Hola Antonio,

¿Cómo estás? ¿Tienes planes para este verano? ¡Yo sí!

Esta tarde, voy a salir con mis amigos. No voy a verlos en mucho tiempo, porque mañana voy a visitar a mi abuela en California. Voy a estar allá todo el verano. Voy a tomar clases de actuación porque quiero ser una actriz famosa, ¡como Julia Roberts!

Un día voy a ser muy rica y famosa. Voy a vivir en una mansión y voy a dar muchas fiestas.

Necesito estudiar mucho en la clase de actuación, porque imagino que voy a tener mucha competencia. Hay muchas muchachas que quieren ser actrices, y creo que la clase va a ser difícil.

Bueno, ahora me voy, pero mañana te escribo más. Mañana salimos de casa a las diez de la mañana para el viaje a California, pero te mando un texto antes de salir.

Un abrazo,

Laura

GRASPING GRAMMAR
FORMAS PARA HABLAR DEL FUTURO

1. Lee otra vez el correo de Laura, y <u>subraya</u> las formas verbales. ¿Cuántas formas verbales puedes ver para hablar del futuro?

> voy a salir   escribo
> voy a visitar   salimos
> Voy a estar   ...
> Voy a tomar
> ...

2. En español, hay muchas formas diferentes para hablar del futuro:

IR A + VERBO

Usamos **ir a + verbo** para hablar de **planes**:
- Esta tarde **voy a salir** con mis amigos.

También usamos **ir a + verbo** para hablar de **deseos** e **intenciones**:
- Un día **voy a ser** muy rica y famosa.

También usamos **ir a + verbo** para hacer **predicciones**:
- La clase **va a ser** difícil.

EL PRESENTE SIMPLE PARA HABLAR DEL FUTURO

A veces usamos el presente simple para hacer **promesas**:
- Mañana te **mando** un mensaje de texto.

También usamos el presente simple para hablar de **horarios programados** (timetables):
- Mañana **salimos** de casa a las diez para el viaje a California.

EL FUTURO SIMPLE

También existe una forma del futuro llamada **futuro simple** con una conjugación especial. El futuro simple es menos común en español que las formas en esta página. Vas a aprender el futuro simple en el la Sección 10.

OTRAS FORMAS PARA HABLAR DEL FUTURO

1. A veces también usamos estas construcciones modales para hablar del futuro:

MÁS FORMAS PARA HABLAR DE PLANES E INTENCIONES PARA EL FUTURO

IR + A + INFINITIVO – Voy a comprar una casa un día.

PENSAR + INFINITIVO – Pienso comprar una casa un día.

QUERER + INFINITIVO – Quiero comprar una casa un día.

PLANEAR + INFINITIVO – Planeo comprar una casa un día.

TENGO PLANEADO + INFINITIVO – Tengo planeado comprar una casa un día.

MÁS FORMAS PARA HABLAR DE SUEÑOS Y DESEOS PARA EL FUTURO

DESEAR + INFINITIVO – Deseo ganar la lotería.

ME GUSTARÍA + INFINITIVO – Me gustaría ganar la lotería.

ME FASCINARÍA + INFINITIVO – Me fascinaría ganar la lotería.

QUERER* + INFINITIVO – Quiero ganar la lotería.

QUISIERA* + INFINITIVO – Quisiera ganar la lotería.

*La diferencia entre "quiero" y "quisiera" es que cuando decimos "quisiera", estamos menos seguros que algo va a suceder. No es una intención – es un sueño.

PLANES

1. **HABLA** CON OTRA PERSONA EN ESPAÑOL.

    a) ¿Qué vas a hacer después de la clase? ¿Después del trabajo? ¿Mañana?
    b) ¿Tienes planes para después de este curso de español? ¿Quieres
       continuar al nivel avanzado?
    c) ¿Tienes planes para después del trabajo hoy? ¿Para mañana?
       ¿Para este fin de semana? ¿Para tus próximas vacaciones?

INTENCIONES

2. **HABLA** CON OTRA PERSONA EN ESPAÑOL.

    a) ¿Cuáles son tus intenciones, deseos y sueños de aquí a un año? ¿5 años?
       ¿10 años?
    b) ¿Para después de jubilarte/retirarte? ¿Tienes planes para tu carrera?
       ¿Tus estudios? ¿Tu familia? Habla sobre tus proyectos, intenciones y
       sueños para el futuro.

PREDICCIONES

3. **HABLA** CON OTRA PERSONA EN ESPAÑOL.

    a) En tu opinión, ¿quién va a ganar el próximo juego importante de baloncesto/
       fútbol/fútbol americano/tenis/etc?
    b) ¿Cuál es tu serie preferida en televisión? En tu opinión, ¿cómo va a terminar
       esta temporada (season)? ¿Cómo va a terminar toda la serie?

I CAN DO IT IN SPANISH!

CHECK YOUR PROGRESS!
After Sección 5, I can:

☐ **Talk about my plans**

☐ **Talk about my goals and aspirations**

☐ **Talk about others' plans, goals and aspirations**

☐ **Read about the future**

☐ **Make predictions**

¡MUY BIEN!

¡HABLO ESPAÑOL! ¿Y TÚ?

I SPEAK SPANISH! – AND YOU?

Important language for speaking about your life

Fast Functions — By the end of this section, I will be able to:

SPEAK ABOUT MY LIFE IN GREAT DETAIL • ASK OTHERS ABOUT THEIR LIVES IN GREAT DETAIL • DEEPEN VOCABULARY FOR IMPORTANT AREAS OF LIFE • REFER TO PEOPLE, PLACES, THINGS AND CONCEPTS, USING OBJECT PRONOUNS • SPEAK ABOUT PAST, PRESENT, FUTURE ACTIVITIES

PRESENTACIONES

1. Habla con otra persona en español. Habla sobre estos temas, usando estas frases.

TEMAS

TRABAJO	**AMIGOS**
TIEMPO LIBRE	**FAMILIA**
VIAJES	**EL IDIOMA ESPAÑOL**

PREGUNTAS ÚTILES

¿Cómo te llamas?

¿De dónde eres?

¿En qué trabajas?*

¿Qué haces en tu tiempo libre?

¿Qué hace(n) tu esposo/a, tu(s) hijo(s), tu(s) amigo(s)?

¿Por qué** el español es importante para ti?

¿Cómo aprendiste español?

¿Con quién practicas español?

¿Adónde fuiste en tus últimas vacaciones?

¿Qué vas a hacer en tus próximas vacaciones?

FRASES ÚTILES

Me llamo….

Soy de….

Soy….

Me gusta….

Es/Son….

Le(s) gusta….

El español es importante para mí
  porque….**

Aprendí español en….

Practico con….

Fui a….de vacaciones

Voy a….

¿Y tú?

¡PRÁCTICA!

1. **HABLA** CON OTRA PERSONA SOBRE ESTOS TEMAS. LAS PREGUNTAS Y FRASES
   EN ESTAS PÁGINAS PUEDEN AYUDARTE.

   ¿PUEDES HABLAR POR VEINTE O TREINTA MINUTOS, EN ESPAÑOL SOLAMENTE?

Nombre	**Casa**
Origen	**Animales**
Trabajo	**Viajes**
Familia	**Planes futuros**
Amigos	**El idioma español**
Tiempo libre	**Otras cosas….**

🌵 SPANISH CAN BE SNEAKY!

* **¿En qué trabajas?*** – Es una forma para preguntar sobre la profesión de alguien.
Otras formas parecidas son: **¿Cuál es tu trabajo?** y **¿A qué te dedicas?** No hay mucha
diferencia entre estas preguntas.

** **¿Por qué…?** – (dos palabras, con acento en la é) - para preguntar sobre una causa – **Why….?**
porque – (una palabra, sin acento en la e) - para expresar una causa – **because….**

VOCABULARIO IMPORTANTE

1. Escribe todas las palabras que sabes en español bajo estas categorías y subcategorías. Algunos ejemplos ya están escritos. Si no entiendes algunas palabras, búscalas en el glosario o diccionario.

TRABAJO

VERBOS
mandar correos/mandar e-mails
escribir informes/reportes
hablar por teléfono
....

CONCEPTOS
desempleo
satisfacción
reunión/junta
rendimiento
....

PERSONAS
gerente
empleado/a
secretario/a
cliente
....

OBJETOS
computador(a)
archivo
documentos
....

LUGARES
oficina/despacho
estacionamiento
sala de conferencias
....

PASATIEMPOS/TIEMPO LIBRE

VERBOS
correr
jugar béisbol
ir de compras
tocar piano
....

LUGARES
pista
centro comercial
piscina
....

PERSONAS
amigos
jugadores
compañeros de equipo
entrenador
....

OBJETOS Y EQUIPO
bate de béisbol
carro/coche
dinero
guitarra
....

VIAJES

VERBOS

viajar
ir de vacaciones
pasar tiempo con la familia/los amigos
pasear
....

LUGARES

playa
montaña
cabaña
hotel
calle
....

TIPOS DE VIAJE

viaje de negocios
vacaciones en familia
gira turística
....

PERSONAS

agente de viajes
turistas
gente local
compañeros de viaje
....

MANERAS DE VIAJAR

por avión
en carro/coche
a pie
....

OBJETOS Y EQUIPO

pasaje/boleto aéreo
maletas
avión
dinero
....

PERSONAS Y SITUACIONES IMPORTANTES PARA MI ESPAÑOL

la niñera
mis clientes
los viajes
los amigos de mis hijos
....

Hay más palabras para cada categoría en las páginas 98-101.

¡PRACTICA!

1. **HABLA** CON OTRA PERSONA, EN ESPAÑOL.

a) ¿Por qué es importante para ti mejorar tu español? ¿En cuáles ocasiones usas el español? ¿Te gustaría usarlo más? ¿Con quién? ¿Por qué?

b) ¿Por qué escribiste las palabras en cada categoría? ¿Qué importancia tienen en tu vida?

¡QUÉ CURIOSO!

1. Forma preguntas completas, y entrevista a otras personas (compañeros de clase, amigos, vecinos...).

	YO	PERSONA #1	PERSONA #2	PERSONA #3
1) ¿Con quién/practicar/ español? *¿Con quién practicas español?*				
2) ¿Dónde/aprender/ español/inicialmente? ¿_____?				
3) ¿Cuántos/e-mails/ escribir/todos los días/ en el trabajo? ¿_____?				
4) ¿Qué/hacer/después del trabajo/usualmente? ¿_____?				
5) ¿Adónde/ir/el próximo fin de semana? ¿_____?				
6) Con quién/ir/de vacaciones/ generalmente? ¿_____?				
¡Inventa una pregunta! ¿_____?				

Respuestas posibles:

1) ¿Con quién practicas español? 2) ¿Dónde aprendiste español inicialmente? 3) ¿Cuántos emails escribes todos los días en el trabajo? 4) ¿Qué haces después del trabajo generalmente? 5) ¿Adónde vas el próximo fin de semana? 6) ¿Con quién vas de vacaciones generalmente?

¡PRACTICA!

1. **HABLA** SOBRE TUS RESPUESTAS Y SOBRE LAS RESPUESTAS DE OTRAS PERSONAS.

> Practico español con…. Laura practica con…., y Conrad con…. Después del trabajo, yo salgo con mis …. pero Mohammed no sale. Prefiere….

1. **HABLA** CON OTRA PERSONA, EN ESPAÑOL.

a) ¿Cómo te llamas? ¿Cuántos años tienes? ¿De dónde eres? ¿Cuál es tu trabajo? ¿Qué haces en tu tiempo libre?

b) ¿Cómo se llama tu esposo/esposa/hermano/hermana/novio/novia/hijo/ hija/mejor amigo/amiga?

   ¿Cuántos años tiene? ¿De dónde es? ¿Cuál es su trabajo? ¿Qué hace en su tiempo libre?

c) ¿Cómo se llaman tus dos mejores amigos/amigas?

   ¿Cuántos años tienen? ¿De dónde son? ¿Cuál es su trabajo? ¿Qué hacen en su tiempo libre?

d) ¿Dónde vives? ¿Cómo es tu casa? ¿Tu vecindario? ¿Tu ciudad? ¿Tu estado o país de origen?

e) ¿Te gusta tu trabajo? ¿Por qué o por qué no?

f) ¿Cuáles son tus cosas preferidas? (comida, pasatiempos, lugares, etc.)

g) ¿Cómo aprendiste el español? ¿Por qué decidiste comprar/usar este curso? ¿Qué cosas te gustaría aprender?

LET'S REVIEW!
PRONOMBRES DIRECTOS E INDIRECTOS – REPASO DE LA PÁGINA 28

sujeto	objeto directo	objeto indirecto
yo	me	me
tú	te	te
él/ella/usted	**lo/la**	**le**
nosotros/as	nos	nos
ellos/ellas/ustedes	**los/las**	**les**

PRONOMBRES DIRECTOS Usamos los pronombres directos para sustituir un sustantivo (noun), cuando el sustantivo es el objeto directo del verbo:

- Veo <u>el noticiero</u> todas las noches. <u>Lo</u> veo porque es interesante. (el noticiero = lo)
- Tengo <u>dos gatas</u> y <u>las</u> llevo al veterinario una vez al año. (dos gatas = las)
- Tenemos un amigo muy generoso que <u>nos</u> invita al cine mucho. ((Nosotros) = nos)

PRONOMBRES INDIRECTOS Usamos los pronombres indirectos para sustituir un sustantivo (noun), cuando el sustantivo es el objeto indirecto del verbo:

- A <u>mi hermana</u> <u>le</u>* gusta ir al cine. (mi hermana = le)
- Mi amigo generoso <u>les</u> da muchos regalos a <u>mis niños</u>. (mis niños = les)
- Ella <u>les</u> ayuda a <u>sus colegas</u> con el proyecto. (sus colegas = les)

¿DÓNDE PONEMOS EL PRONOMBRE?

Con un pronombre solamente
En general, el pronombre va antes del verbo conjugado:

- "**Me gusta** cocinar".
- "**Lo veo** porque es interesante."

Pero con infinitivos e imperativos, va después del verbo y forman una palabra:

- "Puedes **ayudarle**?"
- "**Llévalos** al gimnasio."

Con dos pronombres consecutivos
Cuando hay dos pronombres (pronombre indirecto **me, te, le, les, nos** + pronombre directo **lo, la, los, las**, el pronombre indirecto va primero.)

- Mi jefe <u>nos</u> envía <u>muchos emails</u>. <u>Nos los</u> envía después del almuerzo. (nosotros = nos; emails= los)

Cuando el pronombre es **le** o **les,** cambia a **se**. Le lo, les lo, le la ... → Se lo, se la ....

- El niño le da <u>la bola</u> a <u>su hermano</u>. No sé por qué <u>se la</u> da. (la bola - la; su hermano – le = le̶a = se la)

Pero con infinitivos e imperativos, va después del verbo y forman una palabra:

- "Quieres **leérmela**?"
- "**Llévasela** a tu madre.

 SPANISH CAN BE SNEAKY!

* a mi hermana le gusta…., les da muchos regalos a los niños – Estas construcciones parecen redundantes, pero en la comunicación oral en español, es necesario usar **le** o **les** aun cuando el objeto es explícito. Por ejemplo:

✔ A mi hermana le gusta ir al cine.
✔ Le gusta ir al cine.
✗ A mi hermana gusta ir al cine.

✔ Mi amigo generoso les da muchos regalos a mis niños.
✔ Mi amigo generoso les da muchos regalos.
✗ Mi amigo generoso da muchos regalos a mis niños.

1. **COMPLETA LOS ESPACIOS** CON EL PRONOMBRE CORRECTO, O CON DOS PRONOMBRES (ME, TE, LO/LA, LOS/LAS, LE, LES, SE LO, SE LA, SE LOS, SE LAS, ME LO, ME LA, ME LOS, ME LAS, TE LOS, TE LAS, ETC.)

a) Simón _____ llamó ayer, pero no estabas en casa y no pudiste hablar con él.

b) - ¿Esos cuadros son de él?

   - Sí, _____ compró en Francia el año pasado.

c) - ¿Cuándo viste esa película?

   - _____ vi el año pasado, durante mis vacaciones de Navidad.

d) A mis hermanos y a mí _____ gusta ir al gimasio, pero a mis padres _____ gusta hacer ejercicio afuera, al aire libre.

e) Franco es muy afortunado. Su padre _____ compra un carro nuevo todos los años.

f) Ayúda____ con estos paquetes, por favor. Estamos muy cansados y no podemos cargar todo.

g) ¿En serio? ¿Tu novio te regaló un collar de diamantes? ¡¿Cuándo ____ ____ regaló?!

h) - Por favor, pregúnta__ al profesor su apellido.

   - Ya __ __ pregunté. Se llama Profesor Ramos.

i) ¡Esa es *mi* muñeca, no es tuya! ¡Dá_____ ahora, es mía!

j) - ¿Ves muchos videos en YouTube?

   - Sí, pero a veces _____ encuentro muy tontos.

Las respuestas están en la página 91.

LET'S REVIEW!

1. Sabes hablar sobre el presente:

Presente Simple
(Costumbres y rutinas)

hablo	como	escribo	soy	tengo
hablas	comes	escribes	eres	tienes
habla	come	escribe	es	tiene
hablamos	comemos	escribimos	somos	tenemos
hablan	comen	escriben	son	tienen
				y otros….

> Hablo con mi hermana todos los días. Salimos los fines de semana, y comemos en restaurantes internacionales. Somos muy buenas amigas.

Presente Progresivo
(Actividades en proceso ahora)

estoy
estás
está   +   hablando   =   estoy hablando
estamos   comiendo   están comiendo
están   escribiendo   estamos escribiendo

etc….

> ¿Qué estás haciendo? ¿Me estás escuchando, o estás jugando con tu teléfono?

2. Sabes hablar sobre el pasado:

Pretérito
(Eventos en el pasado)

hablé	comí	escribí
hablaste	comiste	escribiste
habló	comió	escribió
hablamos	comimos	escribimos
hablaron	comieron	escribieron

fui	tuve	
fuiste	tuviste	
fue	tuvo	
fuimos	tuvimos	
fueron	tuvieron	y otros….

> Escribí algo muy chistoso en la página de Facebook de Eugenio. Él me contestó, pero no tuve tiempo para leer su respuesta.

Pasado Progresivo
(Actividades en proceso en el pasado)

estaba
estabas
estaba   +   hablando   =
estábamos   comiendo
estaban   escribiendo

estábamos hablando
estabas comiendo
estaba escribiendo

etc….

> Anoche los niños estaban leyendo en sus camas, y su madre estaba hablando con la vecina.

Imperfecto
(Actividades repetidas y situaciones en el pasado)

hablaba	comía	escribía
hablabas	comías	escribías
hablaba	comía	escribía
hablábamos	comíamos	escribíamos
hablaban	comían	escribían

era	iba
eras	ibas
era	iba
éramos	íbamos
eran	iban

y otros….

> Antes, las personas escribían cartas largas con pluma y papel. También usábamos mapas grandes en vez del GPS.

3. Sabes hablar sobre el futuro:

ir a + verbo
(Futuras intenciones, planes, predicciones)

voy
vas   hablar   voy a comer
va   + a + comer   =   vamos a hacer
vamos   escribir   vas a decir
van   hacer
            decir   etc….

> Hoy vamos a comer en casa de mi abuela, y ella va a preparar tamales.

Otras expresiones para hablar del futuro
(Deseos, promesas, horarios, etc.)

pienso   hablar   pienso escribir
quieres   comer   quieres hacer
planeamos +   escribir =   tenemos planeado ir
tiene planeado hacer   queremos hacer
                decir   etc….

> ¿Qué piensas hacer después de tus estudios? ¿Quieres estudiar leyes, o planeas viajar por un año?

1. **HABLA** CON OTRA PERSONA.

a) ¿Cómo es una semana típica en tu vida? ¿Trabajas todos los días? ¿Qué tipo de cosas haces en el trabajo?

b) ¿Qué haces en tu tiempo libre? ¿Haces ejercicio? ¿Juegas deportes? ¿Cuándo? ¿Con quién?

c) ¿Siempre comes comida saludable, o a veces comes comida rápida? ¿Cuándo desayunas? ¿Cuándo almuerzas? ¿Cuándo cenas? En general, ¿cenas con tus amigos o con tu familia? ¿A qué hora vas a dormir?

d) ¿Qué haces en el verano? ¿En el invierno? ¿Vas de vacaciones?

e) ¿Tu esposo/esposa/novio/novia/hijos/amigos tienen rutinas similares? ¿Cómo es una semana típica para él/ella? ¿Qué hace todos los días en el trabajo? ¿Juega deportes? ¿Va de vacaciones? etc...

f) ¿Qué estás haciendo ahora mismo? ¿Qué está haciendo tu esposo/esposa/novio/ novia/amigo/amiga? ¿Qué esta haciendo tu familia?

g) ¿Qué están haciendo tus compañeros de clase? ¿Qué está haciendo tu profesor(a)?

h) ¿Qué haces todos los días en el trabajo, generalmente? ¿Qué estás haciendo en este período en el trabajo? ¿Tienes algún proyecto especial (salud, estudios, etc)?

i) ¿Estás leyendo algún libro ahora? ¿Qué libro?

j) ¿Qué hiciste ayer? Describe tu día.

k) ¿Qué hiciste en tus últimas vacaciones? ¿Adónde fuiste? ¿Con quién? ¿Qué actividades hiciste? ¿Por cuánto tiempo estuvieron allí?

l) ¿Cuándo empezaste a aprender español? ¿Dónde? ¿Con quién? ¿Por qué?

m) ¿Dónde vivía tu familia cuando eras niño/a? ¿Cómo era tu casa o tu apartamento?

n) ¿Qué hacías en tu tiempo libre? ¿Con quién? ¿Qué tipo de deportes o juegos hacías?

o) ¿Adónde iba tu familia de vacaciones?

p) ¿Tienes algun(os) recuerdos especial(es)?

q) ¿Qué vas a hacer después de la clase? ¿Después del trabajo? ¿Mañana?

r) ¿Tienes planes para después de este curso de español? ¿Quieres continuar al nivel avanzado?

s) ¿Tienes planes para después del trabajo hoy? ¿Para mañana? ¿Para este fin de semana? ¿Para tus próximas vacaciones?

t) ¿Cuáles son tus intenciones, deseos y sueños de aquí a un año? ¿...5 años? ¿...10 años?

u) ¿Tienes planes para tu carrera? ¿...tus estudios? ¿...tu familia? Habla sobre tus proyectos, intenciones y sueños para el futuro.

LET'S REVIEW!

VOCABULARIO

1) Mira las palabras en las páginas 49 y 50. Si no entiendes alguna palabra, búscala en el glosario o en el diccionario. Busca más palabras para hablar sobre tu vida (trabajo, tiempo libre, familia, amigos, viajes, etc.)

PALABRAS INTERROGATIVAS

2) Completa las siguientes preguntas con **Qué**, **Quién**, **Cómo**, **Cuándo**, **Dónde**, o **Por qué**.

a) ¿_____ estás hoy? ¿Estás triste o feliz?

b) ¿_____ quieres comer hoy – comida china o mexicana?

c) ¿_____ quieres comer – en el restaurante o en casa?

d) ¿_____ es tu cumpleaños?

e) ¿_____ no fuiste al trabajo ayer?

f) ¿_____ es Juan? ¿Es tu novio o tu hermano?

PRONOMBRES DIRECTOS E INDIRECTOS

3) Completa la tabla.

sujeto	objeto directo	objeto indirecto
yo		me
tú	te	
él/ella/usted	lo/la	le
nosotros/as	nos	
ellos/ellas/ustedes	los/___	

TIEMPOS VERBALES - PASADO, PRESENTE, FUTURO

4) Completa las frases con **pretérito**, **presente simple**, **ir a + verbo**, **imperfecto**, **presente progresivo**, o **pasado progresivo**. Escribe ejemplos.

1) Usamos el _____ para hablar de costumbres y rutinas en el presente.
   Todos los días, leo el periódico.

2) Usamos el _____ para hablar de acciones en proceso ahora.
   Estamos estudiando español.

3) Usamos el _____ para hablar de acciones que consideramos eventos en el pasado.
   _____.

4) Usamos el _____ para hablar de situaciones o acciones repetidas en el pasado.
   _____.

5) Usamos el _____ para hablar de acciones en proceso en el pasado.
   _____.

6) Usamos _____ para hablar de intenciones y planes para el futuro.
   _____.

Las respuestas están en la página 91.

I CAN DO IT IN SPANISH!

CHECK YOUR PROGRESS!
After Sección 6, I can:

☐ Speak about my life in great detail

☐ Ask others about their lives in great detail

☐ Deepen vocabulary for important areas of life

☐ Refer to people, places, things, and concepts, using object pronouns

☐ Speak about past, present and future activities

¡MUY BIEN!

¡A TRABAJAR!

LET'S GET TO WORK!

Important language for speaking about your job

Fast Functions – By the end of this section, I will be able to:

INCREASE VOCABULARY FOR SPEAKING ABOUT WORK • READ ABOUT OTHERS' JOBS • PERSONALIZE LANGUAGE TO SPEAK ABOUT MY OWN JOB • EXPRESS OBLIGATION, PERMISSION, AND DESIRE • COMPARE AND CONTRAST THINGS AND SITUATIONS

1. Escribe todas las palabras que sabes en español, sobre tu trabajo o tu actividad principal. Algunos ejemplos ya están escritos para ti – ¡escribe más!

PERSONAS	OFICINA	MATERIALES/ INSTRUMENTOS	VERBOS/ ACTIVIDADES	CONCEPTOS
colegas jefe ...	cubículo ...	teléfono fax notitas Post-it ...	escribir ...	recursos ...

DEPARTAMENTOS	OBLIGACIONES/ RESTRICCIONES	VENTAJAS	DESVENTAJAS	OTRAS COSAS
Recursos Humanos Contabilidad ...	trabajar en los fines de semana ...	buen salario ...	horarios intensos pocas vacaciones ...	...

Hay más palabras en la página 98.

¡PRACTICA!

1. **HABLA** CON OTRA PERSONA, EN ESPAÑOL.

a) ¿Por qué escogiste las palabras que escribiste en la
   página anterior?

b) ¿Qué relevancia tienen con tu trabajo?

c) ¿Qué haces todos los días en el trabajo?

d) ¿Te gusta tu trabajo? ¿Por qué o por qué no?

VOCABULARIO

TRABAJOS

1. ¿En qué trabajan estas personas? ¿Sabes los nombres de estas profesiones?

a.   b.   c.   d.   e.   f.   g.   h.   i.

Las respuestas están en la página 92.

VERBOS MODALES

1. Lee el texto sobre el trabajo de Paula. Mira las construcciones <u>subrayadas</u>.

Me encanta mi trabajo, pero también tiene aspectos difíciles. Para ser veterinario, <u>hay que estudiar</u> más de doce años, y luego <u>tenemos que pasar</u> un examen bastante difícil. Entonces, cuando empezamos a trabajar en clínicas y hospitales, tenemos horarios intensos. <u>Tengo que llegar</u> al trabajo temprano, y a veces <u>es necesario estar</u> de guardia durante el fin de semana. Cuando trabajo en el fin de semana, a veces mi hija viene conmigo. <u>Le permiten jugar</u> con los perros, y ella es muy buena con los animales.

Me gusta pasar tiempo con mi familia, porque trabajo muchas horas. En mi clínica, no tenemos muchas vacaciones, pero por otro lado, tengo un buen salario, y mi esposo y yo <u>podemos viajar</u> mucho. Nos gusta pasar los veranos en el Caribe. El año pasado fuimos a Saint Thomas, y el año que viene <u>queremos ir</u> a Cuba.

GRASPING GRAMMAR

Las construcciones subrayadas en el texto de Paula comienzan con verbos modales. Los verbos modales añaden un concepto "extra" – por ejemplo, indican obligación, permiso, o algún otro concepto. El verbo modal es el verbo conjugado, y le sigue otro verbo en la forma del infinitivo.

1) Lee estos verbos modales:

Hay que...
Tengo que.../tienes que/tiene que/tenemos que....
Es necesario...

No hay que...
No tengo que....
No es necesario...

Se puede...
Es posible...
Puedo/podemos....   + INFINITIVO
Se permite...
Nos/te/le permiten...
Nos/te/le dejan...

No se puede...
No es posible...
No puedo/podemos....   + INFINITIVO
No se permite...
No nos permiten...
No nos dejan...

Quiero/quieres/quiere/queremos...
Me gustaría/Te gustaría...
Prefiero/preferimos....
Preferiría/preferiríamos....

No quiero...
No me gustaría...
Prefiero no.......
Preferiría no....

2) ¿Cuáles de estos verbos modales expresan....?

*   obligación
*   deseo
*   posibilidad
*   falta de necesidad o falta de obligación
*   permiso
*   restricción o falta de permiso

Las respuestas están en la página 92.

¡PRACTICA!

1. **ESCRIBE** LOS NOMBRES DE ESTAS PROFESIONES.

a.　b.　c.　d.　e.　f.　g.

h.　i.　j.　k.　l.　m.　n.

Las respuestas están en la página 92.

2. **HABLA** CON OTRA PERSONA, EN ESPAÑOL.

a) ¿En qué trabajan estas personas?

b) En tu opinión, ¿cuál de estos trabajos es más difícil y por qué?

c) ¿Qué tiene que hacer cada persona? ¿Qué puede/no puede hacer durante su trabajo?

d) ¿Cómo son las horas de trabajo para cada persona? ¿Las condiciones de trabajo?
Considera también:
  - la ropa/el uniforme
  - la vida con la familia
  - el ambiente en el trabajo (colegas, oficina, etc.)
  - las pausas en el trabajo (o falta de pausas)
  - el salario o los ingresos
  - la formación o educación

e) ¿Cuáles de estos trabajos te gustaría tener? ¿Cuáles no? ¿Por qué o por qué no?

f) ¿Conoces a personas que hacen estos trabajos? ¿Qué dicen sobre su trabajo?
¿Les gusta su trabajo? ¿Por qué o por qué no?

g) Y tú, ¿qué haces todos los días en tu trabajo? ¿Cómo es un día típico? ¿Cuáles son las
ventajas y desventajas del trabajo que tienes ahora?

h) ¿Hay otros trabajos que te gustaría tener? ¿Cuáles? ¿Por qué?

VOCABULARIO

ADJETIVOS PARA HABLAR DEL TRABAJO

1. Mira estas palabras. Escribe la traducción en inglés de cada palabra.

PARA HABLAR DEL TRABAJO

interesante	_interesting_
aburrido/a	
estimulante	
estresante	
emocionalmente drenante	_emotionally draining_
difícil	
fácil	
bien pagado/a, bien remunerado/a	
mal pagado/a, mal remunerado/a	
gratificante	
relajante	
odioso/a	
bueno/a	
malo/a	
fantástico/a	
horrible	
raro/a	
peligroso/a	
seguro/a	
divertido/a	

PARA HABLAR DE PERSONAS

perezoso/a	
diligente	
exigente	
trabajador(a)	
dedicado/a	
eficiente	_efficient_
entusiasta	
indiferente	
fuerte	
hablador(a)	
experto/a	
(in)competente	

Las respuestas están en la página 93.

QUIZ AND BE QUIZZED!

¿Cómo se dice "efficient"?
¿Cómo se dice "divertido"?

"Eficiente."
"Fun."

GRASPING GRAMMAR
COMPARATIVOS Y SUPERLATIVOS
COMPARATIVOS

DE SUPERIORIDAD (+)

..............**más + adjetivo (+ que................)**
..............**más + sustantivo (+ que........)**

- En mi opinión, la matemática es **más difícil que** el español.
- Hay que estudiar **más años** para ser abogado **que** para ser asistente legal.
- En general, los abogados ganan **más dinero**.

DE IGUALDAD (=)

............**tan + adjetivo (+ como....................)**
............**tanto/a(s) + sustantivo (+ como ......)**

- En mi opinión, la gramática del español es **tan complicada como** la gramática italiana.
- Hay que estudiar **tantos años** para ser abogado **como** para obtener un MBA.

DE INFERIORIDAD (-)

..............**menos + adjetivo + (que................)**
..............**menos + sustantivo (singular o plural) (+ que......)**

- En mi opinión, el español es **menos difícil que** la matemática.
- Hay que estudiar **menos años** para ser asistente legal **que** para ser abogado.
- En general, las secretarias ganan **menos dinero**.
- Muchos abogados tienen **menos tiempo libre que** los estudiantes de leyes.

............**no tan + adjetivo + (como....................)**
............**no tanto/a(s) + sustantivo (singular o plural)**

- En mi opinión, el español **no** es **tan difícil como** la matemática.
- **No** hay que estudiar **tantos años** para ser asistente legal **como** para ser abogado.
- Pero en general, las secretarias **no** ganan **tanto dinero**.
- Muchos abogados **no** tienen **tanto tiempo libre como** los estudiantes de leyes.

SUPERLATIVOS

El superlativo se forma con
el/la/los/las + comparativo

- He tenido muchos trabajos, y **el menos divertido** ha sido mesero.
- **La peor** situación es tener poco tiempo libre y también poco dinero.
- Mi empresa es **la mejor** compañía de relaciones públicas de la ciudad.

🚀 SPANISH CAN BE SNEAKY!

Tambien hay adjetivos irregulares –
- ✗ más bueno   ✔ mejor
- ✗ el más bueno   ✔ el mejor
- ✗ más malo   ✔ peor
- ✗ el más malo   ✔ el peor

---

1. HABLA CON TU COMPAÑERO/A.

a) En tu opinión, ¿cuáles son las ventajas y desventajas de ser profesional/trabajador, comparado con ser estudiante?

b) ¿Cuáles son las ventajas y desventajas de tu trabajo, comparado con otros trabajos?

c) ¿De niño, cuál era tu trabajo ideal? ¿Por qué?

d) ¿Cuál es el mejor trabajo en tu experiencia? ¿El más interesante? ¿...aburrido? ¿...mejor pagado? ¿...peor pagado? etc....

e) Con tu compañero/a, compara otros trabajos. Por ejemplo:

> ¿Es mejor ser maestra de escuela primaria o ser pediatra?

> No estoy segura. Los dos trabajos tienen que ver con los niños. Ser maestra de escuela primaria es más difícil, pero posiblemente más gratificante. Por otro lado, los pediatras ganan más dinero.

> ¡No, ser pediatra es más difícil! Y recuerda que los maestros tienen más vacaciones....

LET'S REVIEW!

VOCABULARIO

1) Haz una lista de los nombres de todas las profesiones que sabes en español. También escribe adjetivos relacionados con el trabajo. Si no sabes una palabra, búscala en el glosario o en el diccionario.

VERBOS MODALES

2) Contesta las siguientes preguntas.

¿Qué tienes que hacer en el trabajo?

¿Qué no tienes que hacer?

¿Qué te permiten hacer durante tu pausa?

¿Hay que trabajar en casa, también?

¿Qué trabajo(s) te gustaría tener?

Y tus amigos, ¿qué tienen que hacer en el trabajo?

¿Qué no tienen que hacer?

¿Qué les permiten hacer durante su pausa?

¿Qué trabajo(s) les gustaría tener a tus amigos?

COMPARATIVOS Y SUPERLATIVOS

3) Compara diferentes trabajos. ¿Cuáles son las ventajas y desventajas de cada trabajo?

I CAN DO IT IN SPANISH!

CHECK YOUR PROGRESS!
After Sección 7, I can:

- [ ] **Deepen vocabulary for speaking about work**

- [ ] **Read about others' jobs**

- [ ] **Personalize language to speak about your own job**

- [ ] **Express obligation, permission, and desire**

- [ ] **Compare and contrast things and situations**

¡MUY BIEN!

¡AHORA SÍ!
NOW'S THE TIME!
Speak about present events, actions, and activities

Fast Functions — By the end of this section, I will be able to:

SPEAK ABOUT PRESENT HABITS, PARTICULARLY WORK HABITS • READ ABOUT OTHERS' WORK HABITS • SPEAK ABOUT ACTIONS IN PROGRESS AT WORK AND ELSEWHERE • CONTRAST DAILY ACTIVITIES WITH CURRENT SITUATIONS • SPEAK ABOUT CHILDREN AND THEIR ACTIVITIES

PRESENTE SIMPLE VS. PRESENTE PROGRESIVO

1. Lee los textos sobre las actividades de estas tres personas.

Soy ama de casa. Todos los días, **cuido** a mis niños y **hago** cosas para mi familia en mi casa. Hoy, mi hija y yo <u>estamos haciendo</u> unas galletas para su escuela.

Trabajo como abogado en un bufete de leyes. Generalmente **trabajo** en mi oficina, pero ahora <u>estoy preparando</u> un caso importante en la biblioteca de leyes.

Soy jardinera. Normalmente **trabajo** más durante la primavera y el verano, y **tengo** menos trabajo en el invierno. Este verano <u>estoy trabajando</u> mucho porque mis clientes <u>están viajando</u> y <u>estoy cuidando</u> sus plantas.

2. Completa las frases con **presente simple** o **presente progresivo**. Las respuestas correctas están en la próxima página.

a) Los verbos en **negrita (bold)** están en la forma del _____. Usamos este tiempo verbal para hablar de acciones habituales, costumbres, rutinas o estados en general en el presente.

b) Los verbos <u>subrayados</u> (<u>underlined</u>) están en la forma del _____. Usamos este tiempo para hablar de acciones en proceso en el presente, en este momento o en este período.

1. Lee el texto sobre las actividades de Irene, su familia y sus compañeros de trabajo. Dibuja una línea entre las fotos y la parte correspondiente del texto.

Me gusta mi trabajo, pero hoy estoy contenta porque no estamos trabajando mucho. Hoy es el cumpleaños de mi compañero de trabajo, Jim, y estamos celebrando. Trabajo en un banco, y mis colegas son muy simpáticos. Pasamos mucho tiempo juntos, porque tenemos horarios bastante largos. El banco abre a las ocho y cierra a las seis, pero los empleados entramos al trabajo a las siete y media, y salimos a las seis y media. Normalmente hablamos con clientes, completamos transacciones, y hacemos consultas todo el día.

Hoy es diferente. Todos están hablando del cumpleaños de Jim, y estamos preparando todo para la fiesta. Tenemos un pastel en la sala de empleados, y les estamos regalando galletas a los clientes, en honor a Jim.

Los niños de algunos empleados están en la fiesta, pero mis niños no están aquí, porque están en la escuela. Mi hijo Roberto estudia en una escuela privada. Roberto es un buen estudiante y lee mucho. Su hermanita Luisa también va a la escuela de Roberto, pero ella tiene cuatro años, y está en un programa pre-escolar. Son las tres, entonces creo que ahora mis hijos están en el recreo, y no están estudiando – están jugando.

Mi esposo tampoco puede venir a la fiesta. Él es vendedor, y generalmente trabaja en casa, pero esta semana está viajando para visitar a un cliente en Canadá. ¡Qué lástima, porque el pastel es delicioso!

2. Lee el texto otra vez, y contesta estas preguntas.

    a) ¿En qué trabaja Irene?

    b) Normalmente, ¿qué hacen Irene y sus compañeros de trabajo todos los días?

    c) ¿Por qué Irene pasa mucho tiempo con sus colegas?

    d) ¿Qué están haciendo Irene y sus colegas hoy?

    e) ¿Por qué hoy es un día especial en el banco?

    f) Usualmente, ¿qué hacen los hijos de Irene todos los días?

    g) ¿Qué hacen sus hijos a las tres de la tarde normalmente?

    h) ¿Qué están haciendo ahora mismo?

    i) ¿Qué hace el esposo de Irene?

    j) ¿Qué está haciendo en este período?

    k) ¿La familia de Irene está en la fiesta de Jim? ¿Por qué o por qué no?

Las respuestas están en la página 93.

¡PRACTICA!

1. **HABLA** CON OTRA PERSONA, EN ESPAÑOL.

    a) ¿Qué estás haciendo ahora mismo?

    b) ¿Qué está haciendo tu esposo/esposa/novio/novia/amigo/amiga?

    c) ¿Qué está haciendo tu familia?

    d) ¿Qué están haciendo tus compañeros de clase?

    e) ¿Qué haces todos los días en tu trabajo?

    f) ¿Qué estás haciendo en este período en el trabajo? ¿Tienes algún proyecto especial?

    g) ¿Tienes otro proyecto especial en tu vida ahora (salud, estudios, casa, etc.)?

    h) ¿Estás leyendo algún libro ahora? ¿Qué libro?

GRASPING GRAMMAR
PRESENTE SIMPLE Y PRESENTE PROGRESIVO
REPASO – REVIEW

Presente Simple
(Costumbres y rutinas)

hablo	como	escribo	soy	tengo
hablas	comes	escribes	eres	tienes
habla	come	escribe	es	tiene
hablamos	comemos	escribimos	somos	tenemos
hablan	comen	escriben	son	tienen

y otros....

Presente Progresivo
(Actividades en proceso ahora)

estoy				
estás		hablando		estoy hablando
está	+	comiendo	=	están comiendo
estamos		escribiendo		estamos escribiendo
están				

etc....

> Soy jardinera. Normalmente trabajo más durante la primavera y el verano, y tengo menos trabajo en el invierno.

> Este verano estoy trabajando mucho porque mis clientes están viajando y estoy cuidando sus plantas.

QUIZ AND BE QUIZZED!

> ¿Cómo se dice "I usually work"?*
> ¿Cómo se dice "Estoy escribiendo"?
> ¿Cómo se dice "We always go"?
> ¿Cómo se dice "Y'all are speaking"?

> "Usualmente trabajo...."*
> "I am writing...."
> "Siempre vamos...."
> "Están hablando...."

*Obviamente, la traducción es una manera inexacta de aprender un idioma.
El propósito de este ejercicio es practicar el concepto en general. Naturalmente hay excepciones.

¡PRACTICA!

1. **HABLA** CON OTRA PERSONA, EN ESPAÑOL.

a) ¿Qué estás haciendo ahora mismo? ¿Qué está haciendo tu esposo/esposa/novio/novia/amigo/amiga? ¿Qué está haciendo tu familia?

b) ¿Qué están haciendo tus compañeros de clase? ¿Qué está haciendo tu profesor(a)?

c) Mira las imágenes en las páginas 60, 62, 67 y 68.

   - ¿Qué hacen estas personas todos los días en el trabajo?
   - ¿Qué están haciendo en las fotos?

LET'S REVIEW!

1. ¿Qué están haciendo los niños en estas imágenes?

Una niña está nadando.

Dos niños están jugando fútbol.

2. ¿Qué tipo de cosas hacen los niños típicamente?

- en la escuela
- después de la escuela
- en la casa
- con la familia
- con los amigos

3. ¿Tienes niños, nietos, sobrinos, o vecinitos? ¿Qué están haciendo ahora?

I CAN DO IT IN SPANISH!

CHECK YOUR PROGRESS!
After Sección 8, I can:

☐ **Speak about present habits, particularly work habits**

☐ **Read about others' work habits**

☐ **Speak about actions in progress at work and elsewhere**

☐ **Contrast daily activities with current situations**

☐ **Speak about children and their activities**

¡MUY BIEN!

MIRANDO HACIA ATRÁS
LOOKING BACK
Preterit vs. Imperfect Review - Speak about past events, situations, and habits

Fast Functions – By the end of this section, I will be able to:

**READ ABOUT OTHERS' FORMER JOBS • SPEAK ABOUT MY FORMER JOBS • REPORT PAST EVENTS
AND TIMEFRAMES SEEN AS BLOCKS OF TIME • DESCRIBE PAST SITUATIONS AND HABITS •
DEEPEN UNDERSTANDING OF PAST HABITS AND SITUATIONS VS. PAST EVENTS**

REPASO DEL PRETÉRITO VS. IMPERFECTO

1. Lee este texto sobre el pasado de Daniela.

Viví en Panamá hasta los dieciocho años de edad. Mis padres y yo <u>vivíamos</u> cerca de la Ciudad de Panamá, en una casa grande. Mis abuelos y mis primas <u>vivían</u> muy cerca de nosotros. Mis primas y yo **fuimos** a la misma escuela por toda la vida. Todos los días después de la escuela, <u>jugábamos</u> juntas en la calle, y a veces <u>comíamos</u> dulces que <u>comprábamos</u> en la bodega al lado de mi casa. **Estudié** en Panamá hasta que **terminé** la escuela superior, y luego **me mudé** para Miami, donde **estudié** medicina en la universidad. Ahora soy doctora y me concentro en ayudar a la comunidad hispana en mi barrio de Miami.

2. Completa las frases con **imperfecto** o **pretérito**. Las respuestas están en la próxima página. Ya estudiamos estos tiempos verbales en las secciones 3 y 4, y en esta sección los repasamos.

a) Los verbos en **negrita (bold)** están en la forma del _____. Usamos este tiempo verbal para *reportar* acciones pasadas que consideramos eventos, o períodos pasados que consideramos "bloques de tiempo".

b) Los verbos <u>subrayados</u> (underlined) están en la forma del _____. Usamos este tiempo verbal para *describir* acciones o estados pasados que consideramos situaciones. También usamos esta forma para hablar de acciones repetidas o habituales en el pasado.

GRASPING GRAMMAR
PRETÉRITO E IMPERFECTO

Pretérito Simple (Eventos en el pasado, períodos vistos como "bloques de tiempo")		
hablé	comí	escribí
hablaste	comiste	escribiste
habló	comió	escribió
hablamos	comimos	escribimos
hablaron	comieron	escribieron
fui	tuve	
fuiste	tuviste	
fue	tuvo	
fuimos	tuvimos	
fueron	tuvieron	y otros….

Imperfecto (Actividades repetidas y situaciones en el pasado)		
hablaba	comía	escribía
hablabas	comías	escribías
hablaba	comía	escribía
hablábamos	comíamos	escribíamos
hablaban	comían	escribían
era	iba	
eras	ibas	
era	iba	
éramos	íbamos	
eran	iban	

a) Usamos el **pretérito** para reportar acciones pasadas que consideramos eventos, o períodos pasados que consideramos "bloques de tiempo", o "eventos largos".

b) Usamos el **imperfecto** para describir acciones o estados pasados que consideramos situaciones. También usamos esta forma para hablar de acciones habituales o repetidas en el pasado.

Ayer mi papá **comió** en un restaurante nuevo. (evento)

Viví en Panamá por dieciocho años.
(período reportado como un "bloque de tiempo")

Mis primas y yo **jugábamos** en la calle. (acción repetida)

Mis abuelos **vivían** cerca de nosotros. (situación)

 # SPANISH CAN BE SNEAKY!

A veces es difícil saber cuándo usar el pretérito y cuándo usar el imperfecto. La decisión puede ser subjetiva. Por ejemplo, estas dos oraciones son similares, y las dos son correctas, pero el significado cambia:

a) De niña, yo <u>viví</u> en Panamá.
b) De niña, yo <u>vivía</u> en Panamá.

La diferencia es cómo Daniela ve o considera la acción. En la oración **a**, Daniela considera su niñez (sus primeros dieciocho años) como un evento (un evento muy largo). En la oración **b**, Daniela considera su niñez como una serie de eventos, situaciones, y estados. Ella usa el imperfecto para entrar en su niñez y describirla, no solo para reportarla en su totalidad.

La diferencia es muy sutil, y a veces los estudiantes tienen dificultades con el imperfecto y el pretérito. ¡No hay problema! Las personas te van a entender, y con mucha práctica puedes aprender a usar bien estos tiempos verbales.

1. Lee este texto sobre el trabajo anterior de Daniela, y su trabajo ahora.

Antes...

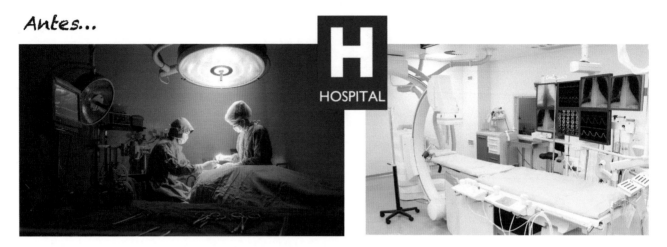

Ahora...

Antes yo trabajaba en un hospital, en la sala de urgencias. Fue el trabajo más difícil de mi vida. Claro, era muy gratificante ayudar a las personas en condiciones críticas, pero también era muy estresante.

Entraba a las seis de la mañana todos los días, y salía de noche. También tenía que estar de guardia en algunos fines de semana.

Ganaba mucho dinero, pero no tenía tiempo libre, y casi no veía a mi novio. No comía bien, y nunca podía ir al gimnasio después del trabajo, porque siempre estaba muy cansada. ¡Fue un período muy intenso!

Una noche, hice una cirugía muy difícil. El paciente no murió, pero hubo un momento de crisis. En ese momento, decidí cambiar de trabajo.

Todavía soy doctora, porque es mi pasión, pero ahora trabajo para una pequeña clínica que se especializa en ayudar a la comunidad hispanohablante de Miami. Este trabajo es mucho menos estresante. Tengo tiempo para hablar con mis pacientes, y el ambiente de trabajo es relajado. Trabajo sólo cuarenta horas por semana, y nunca trabajo en el fin de semana. ¡Ahora mi novio está feliz porque podemos pasar tiempo juntos!

2. Contesta estas preguntas.

a) ¿Cuál fue el trabajo más intenso en la experiencia de Daniela? ¿Por qué lo encontraba tan intenso?

b) ¿Qué hacía ella en ese trabajo? ¿En qué horarios trabajaba? ¿Cuáles eran las ventajas y desventajas de ese trabajo?

c) ¿Cómo era la vida personal de Daniela en ese período?

d) ¿Por qué Daniela decidió cambiar de trabajo? ¿En qué momento ella tomó esa decisión?

e) ¿Cómo es el trabajo de Daniela ahora? ¿Le gusta? ¿Por qué o por qué no?

f) ¿Cómo es la vida personal de ella ahora?

Las respuestas correctas están en la página 93.

VOCABULARIO

ALGUNOS ADVERBIOS RELACIONADOS CON EL PASADO

1. Lee estos adverbios temporales. Algunos están asociados más con el pretérito; otros se asocian más con el imperfecto. Obviamente, depende del contexto.*

ADVERBIOS USADOS FRECUENTEMENTE CON EL PRÉTERITO

un día...
una vez...
el año pasado...
la semana pasada...
en 1997...
de repente...

ADVERBIOS USADOS FRECUENTEMENTE CON EL IMPERFECTO

de niño/a...
antes...
en esos tiempos...
a veces...
siempre...
nunca...

* Es muy importante entender que hay excepciones. Por ejemplo:

- La semana pasada, estuve en el supermercado. (evento)
- La semana pasada, los precios en el supermercado estaban más bajos. Ahora todo está muy caro. (situación)
- Siempre iba a la escuela con mi hermana. (acción habitual o repetida)
- Siempre fui buena estudiante. (período visto como "bloque de tiempo")

¡PRACTICA!

1. **HABLA** CON OTRA PERSONA, EN ESPAÑOL.

a) ¿Cuál fue tu primer trabajo? ¿Qué hacías? ¿Cómo era ese trabajo? ¿Te pagaban bien? ¿Trabajabas muchas horas? ¿Te gustaban tus compañeros de trabajo?

b) ¿Cuál fue tu trabajo más reciente? ¿Qué hacías? ¿Cómo era ese trabajo? ¿Pagaba bien? ¿Trabajabas muchas horas? ¿Te gustaban tus compañeros de trabajo?

c) ¿Por qué decidiste aceptar el trabajo que tienes ahora? ¿Decidiste en un momento específico, o fue una decisión gradual?

d) ¿En qué trabajas ahora? ¿Te gusta tu trabajo? ¿Qué haces todos los días?

LET'S REVIEW!

PRETÉRITO VS. IMPERFECTO – CONCEPTO, FUNCIÓN Y USOS

1. Usamos el **préterito** para hablar de acciones o estados en el pasado, considerados **eventos** u **ocasiones**. También lo usamos para hablar de períodos largos, si consideramos que el período en su totalidad es un evento o un **"bloque de tiempo"**.

2. Usamos el **imperfecto** para hablar de acciones en el pasado, consideradas **situaciones**, **actividades**, **costumbres** o **acciones repetidas.**

3. Usamos algunos adverbios temporales comúnmente (pero no siempre) con el pretérito:
   - **Ayer** fui a una entrevista de trabajo.
   - **El año pasado** viajaste a España para visitar a un cliente.

4. Usamos algunos adverbios temporales comúnmente (pero no siempre) con el imperfecto:
   - **De adolescente,** trabajaba en un restaurante.
   - **Todos los veranos,** venían muchos turistas al restaurante.

PRETÉRITO VS. IMPERFECTO – CONSTRUCCIÓN, CONJUGACIÓN Y FORMAS

1. Hay muchos verbos irregulares y muchos verbos regulares en el pretérito. Estudia las tablas en las páginas 26 y 74, y aprende las conjugaciones.

2. Hay muchos verbos regulares y solo dos verbos irregulares (ser, ir) en el imperfecto. Estudia las tablas en las páginas 32 y 74, y aprende las conjugaciones.

I CAN DO IT IN SPANISH!

CHECK YOUR PROGRESS!
After Sección 9, I can:

- [ ] Read about others' former jobs

- [ ] Speak about my former jobs

- [ ] Report past events and timeframes seen as "blocks of time"

- [ ] Describe past situations and habits

- [ ] Deepen understanding of past habits and situations vs. past events

¡MUY BIEN!

¡ADELANTE!
MOVING FOWARD!
Speaking about plans, intentions, predictions, wishes and hypotheses

---

Fast Functions — By the end of this section, I will be able to:

SPEAK ABOUT FUTURE PLANS AND INTENTIONS (FORMALLY AND INFORMALLY) • EXPRESS WISHES • MAKE PROMISES • SPEAK ABOUT IMAGINARY SITUATIONS • MAKE REQUESTS AND EXPRESS DESIRES POLITELY

IR A + VERBO VS. FUTURO SIMPLE

1. Lee el discurso del político (versión a).

Si votan por mí, **voy a pasar** leyes importantes, y ustedes **van a vivir** mejor. **Van a pagar** menos impuestos, y **vamos a tener** mejores escuelas. Sus niños **van a tener** un futuro brillante. Ya **van a ver** que esta ciudad **va a prosperar**. Juntos, **vamos a construir** una sociedad mejor.

2. Lee otra versión del discurso del político (versión b).

Si votan por mí, **pasaré** leyes importantes, y ustedes **vivirán mejor**. **Pagarán** menos impuestos, y **tendremos** mejores escuelas. Sus niños **tendrán** un futuro brillante. Ya **verán** que esta ciudad **prosperará**. Juntos, **construiremos** una sociedad mejor.

3. Completa las frases con **ir a + verbo** o **futuro simple**. Las respuestas están en la próxima página.

a) Los verbos en el primer discurso (versión **a**) están en la forma de _____. Usamos esta forma verbal para hablar de intenciones, predicciones, y planes para el futuro. Esta forma es *menos formal*, y *más común*.

b) Los verbos en el segundo discurso (versión **b**) están conjugados en el tiempo verbal del _____. Usamos este tiempo verbal para hablar de intenciones, predicciones, y planes para el futuro. Esta forma verbal es *más formal*, y *menos común*.

GRASPING GRAMMAR
IR A + VERBO Y FUTURO SIMPLE

ir a + verbo (Futuras intenciones, planes, predicciones) **forma menos formal y más común**

voy vas va vamos van	+	a	+	hablar comer escribir hacer decir	=	voy a comer vamos a hacer vas a decir etc....

Futuro Simple (Futuras intenciones, planes, predicciones) **forma más formal y menos común**

hablar<u>é</u>	comer<u>é</u>	vivir<u>é</u>	
hablar<u>ás</u>	comer<u>ás</u>	vivir<u>ás</u>	
hablar<u>á</u>	comer<u>á</u>	vivir<u>á</u>	
hablar<u>emos</u>	comer<u>emos</u>	vivir<u>emos</u>	y verbos irregulares
hablar<u>án</u>	comer<u>án</u>	vivir<u>án</u>	(ver abajo)

a) Usamos **ir a + verbo** para hablar de intenciones, predicciones, y planes para el futuro. Esta forma es *menos formal* y *más común*.

b) También usamos el **futuro simple** para hablar de intenciones, predicciones, y planes para el futuro. Esta forma es *más formal* y *menos común*.

> <u>Voy a reducir</u> los impuestos, y <u>vamos a vivir</u> mejor.

> <u>Reduciré</u> los impuestos, y <u>viviremos</u> mejor.

FUTURO SIMPLE – VERBOS REGULARES Y VERBOS IRREGULARES

VERBOS REGULARES

Los verbos regulares en el futuro simple son *muy* regulares, porque las conjugaciones de *todos* los verbos regulares (en -**ar**, -**er** o -**ir**) se construyen con **el infinitivo** + las terminaciones: -**é**, -**ás**, -**á**, -**emos**, -**án**.

A la derecha hay tres verbos regulares - **hablar**, **comer**, **vivir**. Estos son tres ejemplos, y hay muchos más verbos regulares en el futuro simple.

	HABLAR	**COMER**	**VIVIR**
yo	hablar<u>é</u>	comer<u>é</u>	vivir<u>é</u>
tú (you - informal)	hablar<u>ás</u>	comer<u>ás</u>	vivir<u>ás</u>
él/ella/usted (he/she/you, formal)	hablar<u>á</u>	comer<u>á</u>	vivir<u>á</u>
nosotros/as (we)	hablar<u>emos</u>	comer<u>emos</u>	vivir<u>emos</u>
ellos/ellas (they)/ **ustedes** (y'all)	hablar<u>án</u>	comer<u>án</u>	vivir<u>án</u>

VERBOS IRREGULARES

Los verbos irregulares en el futuro simple también se forman con las terminaciones -**é**, -**ás**, -**á**, -**emos**, -**án**, pero la raíz (the stem) no es regular.

A la derecha hay tres verbos irregulares comunes: **tener** (raíz **tendr-**), hacer (raíz **har-**), decir (raíz **dir-**). Otros verbos irregulares en el futuro son: **poner** (raíz **pondr-**), **poder** (raíz **podr-**), **salir** (raíz **saldr-**), y otros.

	TENER	**HACER**	**DECIR**
yo (I)	tendr<u>é</u>	har<u>é</u>	dir<u>é</u>
tú (you - informal)	tendr<u>ás</u>	har<u>ás</u>	dir<u>ás</u>
él/ella/usted (he/she/you, formal)	tendr<u>á</u>	har<u>á</u>	dir<u>á</u>
nosotros/as (we)	tendr<u>emos</u>	har<u>emos</u>	dir<u>emos</u>
ellos/ellas (they)/ **ustedes** (y'all)	tendr<u>án</u>	har<u>án</u>	dir<u>án</u>

OTRAS FORMAS PARA HABLAR DEL FUTURO

Otras expresiones para hablar de intenciones, predicciones, promesas y planes*

| pienso
planeamos
tiene planeado
prometemos | + | hablar
comer
escribir
hacer
decir | = | pienso decir
tenemos planeado ir
queremos hacer
prometes escribir
etc…. |

Otras expresiones para hablar de deseos e ideales*

| quiero/quisiera**
deseas
nos gustaría
le fascinaría | + | hablar
comer
escribir
hacer
decir | = | quieres escribir
nos gustaría
etc…. |

¿Qué <u>piensas hacer</u> después de tus estudios? ¿<u>Tienes planeado estudiar</u> leyes, o <u>planeas viajar</u> por un año?

¿Qué <u>te</u> gustaría <u>hacer</u> después de tus estudios? ¿<u>Quieres estudiar</u> leyes, o <u>deseas viajar</u> por un año?

*La diferencia entre las intenciones y los deseos es que estamos más seguros de nuestras intenciones. Nuestros deseos son menos seguros, como sueños. A veces usamos el tiempo verbal condicional (**me gustaría**, **me fascinaría**, etc) para hablar de deseos. Vamos a aprender más sobre el condicional en la próxima página.

** La diferencia entre **quiero** y **quisiera** es que **quisiera** suena más educado (polite).

1. **HABLA** CON OTRA PERSONA, EN ESPAÑOL.

a) ¿Qué vas a hacer después de tu lección de español? ¿Después del trabajo? ¿Mañana?

b) ¿Tienes planes para después de este curso de español? ¿Quieres completar el curso avanzado? ¿Quisieras viajar a un país hispanohablante?

c) ¿Qué vas a hacer después del trabajo hoy? ¿…mañana? ¿…este fin de semana?

d) ¿Cuáles son tus intenciones, deseos y sueños de aquí a un año? ¿…de aquí a cinco años? ¿…de aquí a diez años? ¿…después de retirarte/jubilarte?

e) ¿Tienes planes para tu carrera? ¿Tus estudios? ¿Tu familia? ¿Vas a continuar en el mismo trabajo? ¿Quisieras tener hijos un día?

f) En tu opinión, ¿quién va a ganar el próximo juego importante de fútbol/baloncesto/béisbol, etc.?

g) ¿Qué cambios va a haber en el mundo en los próximos diez años? Piensa en la tecnología, la política, el clima y otros aspectos.

h) Tú, ¿qué opinas? ¿Qué cambios te gustaría ver en tu vida y en el mundo?

EL PRESENTE DEL CONDICIONAL

1. Lee lo que dicen Sandra y Lizbeth. Las dos quieren ir a la universidad, y visitan este campus. ¿Cuál de ellas está segura? ¿Cuál no está segura, pero imagina que sí?

Yo **estaría** feliz en esta universidad.

SANDRA

Yo **estaré** feliz en esta universidad.

LIZBETH

2. Completa las frases con **condicional** o **futuro simple**. Lee las respuestas abajo.

a) Sandra usa la forma del _____. Usamos esta forma para hablar de hipótesis, teorías, o cuando imaginamos algo.

b) Lizbeth usa la forma del _____. Usamos esta forma para hablar de intenciones, o cuando estamos seguros de algo.

Respuestas: a) condicional b) futuro simple, forma para hablar de hipótesis, teorías

GRASPING GRAMMAR

Presente del Condicional
(Hipótesis, teorías, situaciones imaginarias)

hablaría	comería	viviría
hablarías	comerías	vivirías
hablaría	comería	viviría
hablaríamos	comeríamos	viviríamos
hablarían	comerían	vivirían y verbos irregulares*

Usamos el condicional para hablar de hipótesis y teorías, o cuando imaginamos algo, pero sin estar seguros. También a veces usamos el condicional para sonar más educados (polite):

- Me gustaría ir al cine con ustedes.
- ¿Me podrías pasar la sal, por favor?

*Los verbos regulares e irregulares en el condicional tienen las mismas raíces (stems) del futuro simple. El condicional se forma con las terminaciones **-ía, -ías, -ía, íamos, -ían**.

¡PRACTICA!

1. **IMAGINA** UNA VIDA DIFERENTE. HABLA CON OTRA PERSONA, EN ESPAÑOL.

a) ¿Qué harías con diez millones de dólares? ¿Qué comprarías? ¿Lo compartirías con alguien? ¿Con quién?

b) ¿Qué harías con cinco horas adicionales de tiempo libre todos los días?

c) ¿Qué superpoder te gustaría tener? ¿Qué harias? ¿Volarías? ¿Serías invisible? ¿Podrías leer mentes?

d) Y tu esposo/a, amigo/a(s), ¿qué haría(n)?

LET'S REVIEW!

Completa las frases con el nombre de una de estas formas o tiempos verbales:

futuro simple

ir a + verbo   **condicional**

deseo, quiero, quisiera

condicional

1. Usamos _____ para hablar de intenciones, planes, y predicciones en el futuro. Esta forma es informal y muy común.

2. Usamos el _____ para hablar de intenciones, planes, y predicciones en el futuro. Esta forma es más formal.

3. Usamos verbos modales como _____ , _____ , _____ **+ verbo** para expresar deseos o sueños.

4. Usamos el _____ para hablar de teorías, hipótesis y situaciones imaginarias.

5. A veces usamos el _____ para sonar más educados (polite).

Respuestas: 1) ir a + verbo 2) futuro simple 3) deseo, quiero, quisiera 4) condicional 5) condicional

I CAN DO IT IN SPANISH!

CHECK YOUR PROGRESS!
After Sección 10, I can:

☐ **Speak about future plans and intentions (formally and informally)**

☐ **Express wishes**

☐ **Make promises**

☐ **Speak about imaginary situations**

☐ **Make requests and express desires politely**

¡MUY BIEN!

I DID IT IN SPANISH!
FINAL FUNCTIONS

At the end of this **Intermediate Spanish** course, I can:

1 ☐ Share important details of my life

2 ☐ Ask others about their life

3 ☐ Speak about a variety of topics

4 ☐ Describe present states, habits, facts

5 ☐ Expand initial conversations

6 ☐ Describe my typical day

7 ☐ Read about others' typical day

8 ☐ Use question words

9 ☐ Interview others on various topics

10 ☐ Describe actions happening now

11 ☐ Talk about past events in my life

12 ☐ Talk about past events in others' life

13 ☐ Tell stories about the past

14 ☐ Use adverbs of time

15 ☐ Use object pronouns

16 ☐ Describe my past states and routines

17 ☐ Describe others' past states and routines

18 ☐ Share childhood memories

19 ☐ Read about others' memories

20 ☐ Situate activities in past periods, using adverbs

21 ☐ Talk about my plans

22 ☐ Talk about my goals and aspirations

23 ☐ Talk about others' plans and goals

24 ☐ Read about the future

25 ☐ Make predictions

¡EXCELENTE!

I DID IT IN SPANISH!
FINAL FUNCTIONS

At the end of this **Intermediate Spanish** course, I can:

26 ☐ Speak about my life in great detail

27 ☐ Ask others about their lives in great detail

28 ☐ Deepen vocabulary for important parts of life

29 ☐ Refer to people, places, things, concepts, using pronouns

30 ☐ Speak about past, present, and future activities

31 ☐ Deepen vocabulary for speaking about work

32 ☐ Read about others' jobs

33 ☐ Personalize language to speak about my own job

34 ☐ Express obligation, permission, and desire

35 ☐ Compare and contrast things and situations

36 ☐ Speak about present habits, particularly work habits

37 ☐ Read about others' work habits

38 ☐ Speak about actions in progress at work and elsewhere

39 ☐ Contrast daily activities with current situations

40 ☐ Speak about children and their activities

41 ☐ Read about others' former jobs

42 ☐ Speak about my former jobs

43 ☐ Report past events and states seen as "blocks of time"

44 ☐ Describe past situations and habits

45 ☐ Deepen understanding of past habits/situations vs events

46 ☐ Speak about future intentions (formally and informally)

47 ☐ Express wishes

48 ☐ Make promises

49 ☐ Speak about imaginary situations

50 ☐ Make requests and express desires politely

¡EXCELENTE!

I WILL DO MORE IN SPANISH!
NEXT STEPS – ADVANCED AND BEYOND

Congratulations on completing your **Functionally Fluent!™ Intermediate** level! You are just one level away from being **functionally fluent**! Keep your Spanish going and move on to the **Advanced** course.

Here is a preview of the functions you will learn to **do in Spanish** at the **Advanced** level. Beyond Advanced, check out our customized supplements that teach you Spanish for your profession, including Spanish for Legal Professionals, Spanish for Teachers, Spanish for Medical Professionals, Spanish for Travel, and more!

Advanced – FUNCTIONALLY FLUENT!
You will learn to:

1. ☐ Speak about a range of topics in your life
2. ☐ Expand on your most important topics
3. ☐ Speak about past, present, and future
4. ☐ Speak about work sectors
5. ☐ Read a resumé in Spanish
6. ☐ Write a resumé in Spanish
7. ☐ Contrast specific and general past
8. ☐ Speak about past travels
9. ☐ Give your work history
10. ☐ Relate past activities to each other
11. ☐ Speak about future plans
12. ☐ Make promises
13. ☐ Speak about desires and wishes

14. ☐ Speak about hypothetical situations
15. ☐ Speculate on present situations
16. ☐ Express doubt
17. ☐ Report actions as facts or as speculation
18. ☐ Express obligation
19. ☐ Express possibility
20. ☐ Thoroughly discuss your needs and goals for speaking Spanish
21. ☐ Speak Spanish at work
22. ☐ Speak Spanish in your free time
23. ☐ Speak Spanish with/for your family
24. ☐ Speak Spanish while or before traveling
25. ☐ Expand vocabulary for work, free time, family, and travel

25-50 In addition to these 25 Advanced functions, Functionally Fluent!'s Advanced level also includes a **Functionally Fit™** workbook, to help you practice and retain the language you've learned at all three levels, and to complete **25 additional functions** that are essential to any language learner. See you in Advanced!

At this higher level, you will continue learning to express yourself in the **past**, **present** and **future** tenses. Your vocabulary will expand to help you speak about *all* areas of life, with an increasing focus on Spanish for your specific needs.

Each level teaches at least fifty functions, so after all three levels you will be able to **do 150 things in Spanish**, and you will be **functionally fluent**!

¡HASTA PRONTO!

RESPUESTAS – ANSWER KEY

VERBOS

	SER	HACER	TENER	LLAMARSE		GUSTARLE
yo (I)	soy	hago	tengo	me llamo		me gusta
tú (you - informal)	eres	haces	tienes	te llamas		te gusta
él/ella/usted (he/she/you, formal)	es	hace	tiene	se llama		le gusta
nosotros/as (we)	somos	hacemos	tenemos	nos llamamos		nos gusta
ellos/ellas (they)/ **ustedes** (y'all)	son	hacen	tienen	se llaman		les gusta

PRONOMBRES

	sujeto	reflexivo	indirecto	posesivo
	yo	me	me	mi(s)
	tú	te	te	tu(s)
	él/ella/usted	se	le	su(s)
	nosotros/as	nos	nos	nuestro/a(s)
	ellos/ellas/ustedes	se	les	su(s)

ALGUNOS VERBOS IRREGULARES EN EL PRESENTE

	VER (TO SEE)	SALIR (TO GO OUT)	VESTIRSE (TO DRESS ONESELF)	ALMORZAR (TO HAVE LUNCH)	JUGAR (TO PLAY)
yo (I)	veo	salgo	me visto	almuerzo	juego
tú (you - informal)	ves	sales	te vistes	almuerzas	juegas
él/ella/usted (he/she/you, formal)	ve	sale	se viste	almuerza	juega
nosotros/as (we)	vemos	salimos	nos vestimos	almorzamos	jugamos
ellos/ellas (they)/ **ustedes** (y'all)	ven	salen	se visten	almuerzan	juegan

GRASPING GRAMMAR:

1) La raíz del verbo (the verb stem) cambia: **o** en el infinitivo (d**o**rmir) cambia a →**ue** en algunas formas conjugadas (d**ue**rme, d**ue**rmes, etc), **u** (j**u**gar) →**ue** (j**ue**ga, j**ue**gan, etc).

2) La forma "tú" en el presente siempre termina en "s".

3) La primera persona (yo) termina en "o". La tercera persona (él/ella/usted) termina en vocal (vowel). Nosotros siempre termina en "mos". Ellos/ellas/ustedes siempre termina en "n", etc…

	HABLAR (TO TALK, TO SPEAK)
yo (I)	hablo
tú (you - informal)	hablas
él/ella/usted (he/she/you, formal)	habla
nosotros/as (we)	hablamos
ellos/ellas (they)/ **ustedes** (y'all)	hablan

	COMER (TO EAT)
yo (I)	como
tú (you - informal)	comes
él/ella/usted (he/she/you, formal)	come
nosotros/as (we)	comemos
ellos/ellas (they)/ **ustedes** (y'all)	comen

	ESCRIBIR (TO WRITE)
yo (I)	escribo
tú (you - informal)	escribes
él/ella/usted (he/she/you, formal)	escribe
nosotros/as (we)	escribimos
ellos/ellas (they)/ **ustedes** (y'all)	escriben

GRASPING GRAMMAR:

Las conjugaciones de los verbos en "-er" e "-ir" son casi idénticas. Solo la forma de "nosotros" cambia.

P 16   Es posible tener respuestas un poco diferentes, dependiendo de tu interpretación.

9	almorzar
7	tomar una pausa
10	terminar el trabajo
11	irse para la casa
X	dejar a los niños en la escuela
2	bañarse
4	maquillarse

3	vestirse
1	desayunar
5	manejar al trabajo
6	trabajar
12	cenar
8	ir al gimnasio
13	pasar tiempo con el novio/novia/esposo/ esposa/familia/amigos, etc.

solo en los fines de semana → **salir de noche**

P 17   ALGUNOS VERBOS REFLEXIVOS EN EL PRESENTE

	IRSE (TO LEAVE)	BAÑARSE (TO BATHE ONESELF)	VESTIRSE (TO DRESS ONESELF)	DUCHARSE (TO SHOWER ONESELF)	CEPILLARSE LOS DIENTES (TO BRUSH ONE'S TEETH)	MAQUILLARSE (TO PUT MAKEUP ON ONESELF)
yo (I)	me voy	me baño	me visto	me ducho	me cepillo	me maquillo
tú (you - informal)	te vas	te bañas	te vistes	te duchas	te cepillas	te maquillas
él/ella/usted (he/she/you, formal)	se va	se baña	se viste	se ducha	se cepilla	se maquilla
nosotros/as (we)	nos vamos	nos bañamos	nos vestimos	nos duchamos	nos cepillamos	nos maquillamos
ellos/ellas (they)/ **ustedes** (y'all)	se van	se bañan	se visten	se duchan	se cepillan	se maquillan

PRONOMBRES REFLEXIVOS

sujeto	reflexivo
yo	me
tú	te
él/ella/usted	se
nosotros/as	nos
ellos/ellas/ustedes	se

La oración a) tiene un verbo reflexivo en la forma del infinitivo (bañarme).
La oración b) tiene un verbo reflexivo en la frase conjugada (me visto).

Cuando hay un verbo reflexivo conjugado, el pronombre va antes del verbo.
Cuando está en la forma del infinitivo, el pronombre viene después y el verbo y el pronombre forman una sola palabra.

P 24

Las conjugaciones de "tener" y "estar" en el pretérito son casi iguales.
Las conjugaciones de "ir" y "ser" en el pretérito son idénticas.
Todas las formas de "querer", "hacer", y "poner" terminan en –se/-ce, -ciste/-siste, -zo/-so, -cimos/-simos, y -cieron/-sieron.

P 25

¡UN ERROR TRÁGICO!
Ayer fue el cumpleaños de Miguel. Hicimos una fiesta en mi casa. (Yo) hice un pastel. Celina le puso muchas velas. (Tú) fuiste a la tienda por el regalo. Estuvimos en mi casa hasta la una de la mañana. Pero Miguel no fue a la fiesta, porque su cumpleaños fue en mayo, ¡no en julio!

EL PRETÉRITO SIMPLE - VERBOS REGULARES

	HABLAR (SPEAK/TALK)
yo (I)	hablé
tú (you - informal)	hablaste
él/ella/usted (he/she/you, formal)	habló
nosotros/as (we)	hablamos
ellos/ellas (they) **ustedes** (y'all, formal)	hablaron

	COMER (TO EAT)
yo (I)	comí
tú (you - informal)	comiste
él/ella/usted (he/she/you, formal)	comió
nosotros/as (we)	comimos
ellos/ellas (they) **ustedes** (y'all, formal)	comieron

	ESCRIBIR (TO WRITE)
yo (I)	escribí
tú (you - informal)	escribiste
él/ella/usted (he/she/you, formal)	escribió
nosotros/as (we)	escribimos
ellos/ellas (they) **ustedes** (y'all, formal)	escribieron

GRASPING GRAMMAR: Las terminaciones de las conjugaciones de los verbos en "-er" y en "-ir" son idénticas.

P 28   1) me 2) los 3) La 4) nos, les 5) le 6) me 7) te 8) le, nos, lo 9) Te 10) las

P 32

EL IMPERFECTO - VERBOS REGULARES

	TOMAR (TO TAKE, TO DRINK)
yo (I)	tomaba
tú (you - informal)	tomabas
él/ella/usted (he/she/you, formal)	tomaba
nosotros/as (we)	tomábamos
ellos/ellas (they)/ **ustedes** (y'all)	tomaban

	COMER (TO EAT)
yo (I)	comía
tú (you - informal)	comías
él/ella/usted (he/she/you, formal)	comía
nosotros/as (we)	comíamos
ellos/ellas (they)/ **ustedes** (y'all)	comían

	VIVIR (TO LIVE)
yo (I)	vivía
tú (you - informal)	vivías
él/ella/usted (he/she/you, formal)	vivía
nosotros/as (we)	vivíamos
ellos/ellas (they)/ **ustedes** (y'all)	vivían

EL IMPERFECTO - VERBOS IRREGULARES

	SER (TO BE)
yo (I)	era
tú (you - informal)	eras
él/ella/usted (he/she/you, formal)	era
nosotros/as (we)	éramos
ellos/ellas (they)/ **ustedes** (y'all)	eran

	IR (TO GO)
yo (I)	iba
tú (you - informal)	ibas
él/ella/usted (he/she/you, formal)	iba
nosotros/as (we)	íbamos
ellos/ellas (they)/ **ustedes** (y'all)	iban

P 34

a) Teresa vivía en Barcelona cuando era chica. b) Tenía dos animales. El perro se llamaba Rey, y el pájaro se llamaba Lorito. c) Tenía dos hermanos, José y Simón. d) Le gustaba la geografía, pero no le gustaba la matemática. e) Le gustaba leer. Sus hermanos preferían jugar deportes. f) Su familia pasaba los veranos en las Islas Canarias, donde visitaban a los abuelos de Teresa. g) Teresa y sus hermanos jugaban con los niños de los vecinos. También jugaban con sus primos. h) Un día el perro destruyó el sofá. La madre de Teresa se enojó y puso el perro fuera de casa. El hermano de Teresa, Simón, se escapó de casa con el perro. El padre de Teresa fue a la estación por ellos. La madre prometió ser más paciente con el perro.

P 35

Estos verbos están en el imperfecto: **era, teníamos, se llamaba, se llamaba, iba, trabajaba, era, tenía, vivíamos, Me gustaba, era, me gustaba, hacían, era, prefería, hacíamos, íbamos, jugábamos**. Estos verbos están en el pretérito: **fui** (párrafo #2), **destruyó** (y todos los verbos en el resto del párrafo #4), **Nos divertimos** (párrafo #5). Usamos el pretérito en el párrafo #4 porque no estamos describiendo una situación. Estamos reportando una serie de eventos. a) Usamos el **imperfecto**. b) Usamos el **pretérito**. Los adverbios temporales en el texto son: **Cuando yo era niña, Todos los días, Siempre, casi todos los veranos, a veces, Al día siguiente, en esos veranos, ahora.**

P 54

a) te b) los c) La   d) nos, les e) le f) nos g) te lo h) le, se lo i) mela (Dámela) j) los

P 57

a) Cómo
b) Qué
c) Dónde
d) Cuándo
e) Por qué
f) Quién

PRONOMBRES DIRECTOS E INDIRECTOS

sujeto	objeto directo	objeto indirecto
yo	me	me
tú	te	te
él/ella/usted	lo/la	le
nosotros/as	nos	nos
ellos/ellas/ustedes	los/las	les

1) presente simple
2) presente progresivo
3) pretérito simple
4) imperfecto
5) pasado progresivo
6) ir a + verbo

P 60

a) piloto
b) hombre de negocios/empleado/secretario/abogado/consultor/contable/ejecutivo, etc.
c) estudiante/maestra
d) doctora/enfermera/veterinaria, etc.
e) jardinera/florista
f) chef/cocinero
g) mujer de negocios/empleada/secretaria/abogada/consultora/contable/ejecutiva, etc.
h) ingeniero/arquitecto/obrero/trabajador de construcción, etc.
i) mesero/camarero

P 61

obligación

Hay que...
Tengo que.../tenemos que....
Es necesario...

permiso

Puedo/podemos....
Se permite...
Nos permiten...
Nos dejan...

restricción o falta de permiso

No se puede...
No es posible...
No puedo/podemos....
No se permite...
No nos permiten...
No nos dejan...

deseo

Quiero/queremos/quiere...
Me gustaría/Te gustaría...
Prefiero/preferimos....
Preferiría/preferiríamos....
No quiero/no queremos/no quiere...
No me gustaría/no te gustaría...
Prefiero no.../preferimos no....
Preferiría no/preferiríamos no....

posibilidad

Se puede...
Es posible...
Puedo/podemos....

falta de necesidad o falta de obligación

No hay que...
No tengo que/no tenemos que....
No es necesario...

P 62

a) empleada de limpiezas
b) instructora de yoga/Pilates
c) doctora/enfermera
d) chef/cocinera
e) mujer de negocios/empleada/secretaria/abogada/consultora/contable/ejecutiva, etc.
f) carpintero/empleado de mantenimiento/obrero/trabajador de construcción
g) doctora/enfermera/cirujana
h) repartidora/empleada de entregas
i) chef/cocinera
j) especialista de informática/programador/hombre de negocios/empleado/secretario/
abogado/consultor/contable/ejecutivo, etc.
k) política/oradora/presentadora
l) mujer de negocios/empleada/secretaria/abogada/consultora/contable/ejecutiva, etc.
m) ingeniera/arquitecta
n) jugadora de fútbol/atleta

P 63

interesante - interesting
aburrido/a - boring, bored
estimulante - stimulating
estresante - stressful
emocionalmente drenante -
   emotionally draining
difícil - difficult, hard
fácil - easy
bien pagado/a, bien remunerado/a -
   well-paid
mal pagado/a, mal remunerado/a -
   badly-paid
gratificante - gratifying, rewarding,
   satisfying
relajante - relaxing
odioso/a - hateful
bueno/a - good
malo/a - bad
fantástico/a - fantastic

horrible - horrible
raro/a - rare, unusual, weird, strange
peligroso/a - dangerous
seguro/a - safe, sure
divertido/a - fun

perezoso/a - lazy
diligente - diligent
exigente - demanding
trabajador(a) - hard-working
dedicado/a - dedicated
eficiente - efficient
entusiasta - enthusiastic
indiferente - indifferent
fuerte - strong
hablador(a) - chatty
experto/a - expert
(in)competente - (in)competent

P 67

a) presente simple, b) presente progresivo

P 69

a) Trabaja en finanzas, en un banco.
b) Hablan con clientes, completan transacciones, y hacen consultas.
c) Porque tienen horarios bastante largos.
d) Están celebrando el cumpleaños de Jim.
e) Porque es el cumpleaños de Jim.
f) Usualmente van a la escuela.
g) Normalmente juegan a las tres, porque es la hora del recreo.
h) Están jugando ahora, porque son las tres, y es la hora del recreo.
i) Es vendedor. Trabaja en casa.
j) Esta viajando para visitar a un cliente en Canadá.
k) No, no están en la fiesta de Jim, porque el esposo está viajando para el trabajo, y los niños están en la escuela.

P 75

a) El trabajo más intenso de Daniela fue trabajar en una sala de urgencias, porque trabajaba mucho, no tenía tiempo libre, y el trabajo era muy difícil y estresante.
b) Trabajaba en una sala de urgencias en el hospital. Trabajaba desde las seis de la mañana hasta la noche. Ganaba bien y era gratificante ayudar a las personas en condiciones críticas, pero era muy estresante.
c) La vida personal de Daniela era difícil en ese periodo, porque no tenía tiempo para ella, para su salud, ni para su novio.
d) Daniela decidió cambiar de trabajo porque tuvo un momento particularmente difícil durante una cirugía. Ella decidió cambiar en ese momento (después de la cirugía).
e) El trabajo de Daniela ahora es menos estresante. Ella trabaja en una clínica con clientes que hablan español. Tiene más tiempo para sus pacientes, y tiene más tiempo libre para ella. Le gusta su trabajo porque es más relajado y trabaja menos horas.
f) Daniela tiene más tiempo libre y más tiempo para su novio.

SPANISH GLOSSARY
GENERAL TERMS
For topic-specific "cheat-sheets," see next pages!

1. Parts of speech (verb, adjective, noun) are not noted, since this will be evident in the English translation.
2. Nouns ending in -**a** and -**as** are feminine; most others are masculine. Exceptions to this rule are noted.

Spanish	English	Spanish	English	Spanish	English
¿A qué te dedicas?	What's your job?	**cabaña**	cabin	**de prisa**	in a hurry
a pie	on foot	**cada**	each	**de repente**	suddenly
a veces	sometimes	**cambiar**	to change	**decir**	to say
actuación	acting	**cambio**	change	**dedica**	to dedicate
adecuado	adequate	**camisa**	shirt	**dejar**	to leave
afortunada	fortunately	**cansado/a**	tired	**deportes**	sports
afuera	outside	**cargar**	to carry	**desayunar**	to eat breakfast
agenda	agenda, planner	**cenar**	to eat dinner	**desde**	since, from
ahí	there	**cepillarse los dientes**	to brush one's teeth	**desear**	to wish
ahora	now	**cerca de**	near	**desempleo**	unemployment
al aire libre	in the open air	**cerrar**	to close	**deseo**	wish
alguien	someone	**chico/a**	small	**después**	after
algún	some	**cierto/a**	true	**destruir**	to destroy
allí	there	**cirugía**	surgery	**desventaja**	disadvantage
almorzar	eat lunch	**cirujano**	surgeon	**discurso**	speech
ama de casa	housewife, homemaker	**ciudad** (f)	city	**divertirse**	to have fun
ambiente	environment	**collar**	necklace	**docena**	dozen
añadir	to add	**combina**	to match	**ducharse**	to shower
antes	before	**comenzar**	to start, to begin	**dulce**	sweet
apellido	last name	**comida rápida**	fast food	**durante**	during
aquí	here	**compañero/a**	partner,	**edad** (f.)	age
archivo	file, archive	**de casa**	roommate	**educado/a**	polite, educated
arriba	up	**de trabajo**	co-worker	**el Caribe**	the Caribbean
atrás	behind	**completar**	to complete	**empezar**	to start, to begin
aun	even	**comprar**	to buy	**empresa**	enterprise, business
aun así	even so	**común**	common	**en vez de**	instead of
avión	airplane	**comúnmente**	commonly	**encontrar**	to find
ayer	yesterday	**conjugar**	to conjugate	**entender**	to understand
ayuda	help (noun)	**consulta**	consultation	**entonces**	so, then
ayudar	to help	**contabilidad** (f.)	accounting	**entrar**	to enter
baloncesto	basketball	**contestar**	to answer	**entrevista**	interview
bañarse	to take a bath	**correo electrónico**	email	**equipo**	equipment
barrio	neighborhood	**cosa**	thing	**equipo**	crew, staff, team
bastante	enough	**costar**	to cost	**error**	mistake
biblioteca	library	**costumbre** (f)	habit, costume	**escuela primaria**	elementary school
bloque de tiempo	block of time	**cubrir**	to cover	**ese, esa**	that
bodega	corner shop	**cuesta**	It costs	**esos, esas**	those
bola	ball		to take care of someone	**estación**	station, season
boleto	ticket	**curso**	course	**estacionamiento**	parking
Bueno…	Well…	**dar**	to give	**estado**	state
bufete de leyes	law firm	**de aquí a un año**	in a year's time	**este, esta**	this
buscar	to look for	**de niño/a**	as a child	**estos, estas**	these
				estrés	stress
				estresante	stressful

94

falta	lack	me baño	I bathe myself	patrón	boss
feliz	happy	me encanta...	I love	pausa	pause, break
fin de semana	weekend		(Literally	pediatra (m., f.)	pediatrician
formación (f.)	education		...enchants me)	peinarse	to brush/comb
frase	phrase	me fascina...	I love		one's hair
fuerte	strong		(Literally	película	movie, film
galleta	cookie		... fascinates me)	pensar	to think
ganar	to win	me fascinaría	I would love	peor	worse
gimnasio	gym		(Literally	perro	dog
gira turística	tour		...would fascinate	piensa	to think
graticante	gratifying,		me)	pista	rink, track
	satsfying	me gustaría	I would like	planear	to plan
hacer ejercicio	to exercise		(Literally	poder	to be able to
hacia	towards		...would please me)	primero/a	first
hasta	until	me siento	I feel	primo/a	cousin
hispanohablante	Spanish-speaker	media hora	half an hour	programa	pre-school program
	-speaking	mediodía (m.)	midday, noon	pre-escolar	
historia	history	mejor	better	propósito	purpose
horario	schedule	mejorar	to improve	próximo/a	next
hoy	today	menos	less	pueden	They can, Y'all can
idioma (m)	language	mensaje	message	puedes	You can (sing. inf.)
igualdad	equality	mente	mind	querer	to want
imagen (f.)	image	mientras	while	quiero, quieres	I want, you want
impuestos	taxes	mirar	to look	quisiera	I/He/She/It
informe	report	mismo/a	same		would like
ingreso	income	montar	to ride		
ir de vacaciones	to go on	bicicleta	a bicycle	raíz (f.)	root
	vacation	morir	to die	recreo	recess
	to leave	mudarse	to move house	recursos	resource
jubilarse	to retire	muñeca	doll	recursos	human resources
junta	meeting	necesitar	to need	humanos	
juntos/as	together	niñera	babysitter, nanny	reducir	to reduce
lástima	shame, pity	niñez (f.)	childhood	regalar	to give
lavarse	to wash oneself	noticiero	newscast	regalo	gift
lección (f.)	lesson	ocupado/a	busy	relajado/a	relaxed
ley, leyes (f.)	law	oración (f.)	sentence	rendimiento	performance
llegar	to arrive	orden (f.)	order	reunión (f.)	meeting
lleno/a	full	otra vez	again	ropa	clothes
llevar	to take	pagar	to pay	saber	to know
lotería	lottery	página	page	salir	to go out
luego	then, after	país	country	salón de clase	classroom
maleta	suitcase	pájaro	bird	salud (f.)	health
mañana	tomorrow	palabra	word	saludable	healthy
manejar	to drive, to	paquete	package	se ducha	He/She/It showers
	manage	párrafo	paragraph	se maquilla	He/She/It puts on
maquillarse	to put on	pasado/a	past		makeup
	makeup	pasaje	air ticket	se siente	He/She/It feels
maravilloso/a	marvelous	pasar tiempo	to spend time	se viste	He/She/It gets
marcar	to grade, to	pasar una ley	to pass a law		dressed
más	mark	pasatiempo	pastime, hobby	seguro/a	sure, secure
mascota	pet	pasear	to stroll/drive around	sentirse	to feel
materia	subject, matter	pastel	cake	serie (f)	series
				significado	meaning

siguiente	following	**tarea**	homework, task	**útil**	useful
silla	chair	**tema** (f.)		**vecindario**	neighborhood
simpático/a	friendly	**tener que**	to have to	**vecino/a**	neighbor
sobre	above, over	**tener que**	to have to	**ventaja**	advantage
sobre	envelope	**ver con**	do with	**ver**	to see
solo	alone, only	**tengo que**	I have to	**vestirse**	to get dressed
subrayar	underline	**teoría**	theory	**vez** (f)	time, instance
suceder	to happen	**terminación** (f.)	ending	**viajar**	to travel
sueño	dream	**terminar**	to finish, to end	**viaje**	trip
superpoder	superpower	**tiempo**	time	**viaje de**	business
sustantivo	noun	**tiempo verbal**	verb tense	**negocios**	trip
sustituir	substitute	**tienda**	store	**vida**	life
sutil	subtle	**típico**	typical	**volar**	to fly
tabla	graph, chart	**todavía**	yet, still	**volver**	to return
también	also, too	**tomar una pausa**	to take a break	**votar**	to vote
tampoco	not…either, neither	**tonto**	dumb	**vuelvo**	I return
		último/a	last		

NÚMEROS 0-100 – NUMBERS 0-100

cero	0	veinte	20	cuarenta	40	sesenta	60	ochenta	80
uno	1	veintiuno	21	cuarenta y uno	41	sesenta y uno	61	ochenta y uno	81
dos	2	veintidós	22	cuarenta y dos	42	sesenta y dos	62	ochenta y dos	82
tres	3	veintitrés	23	cuarenta y tres	43	sesenta y tres	63	ochenta y tres	83
cuatro	4	veinticuatro	24	cuarenta y cuatro	44	sesenta y cuatro	64	ochenta y cuatro	84
cinco	5	veinticinco	25	cuarenta y cinco	45	sesenta y cinco	65	ochenta y cinco	85
seis	6	veintiséis	26	cuarenta y seis	46	sesenta y seis	66	ochenta y seis	86
siete	7	veintisiete	27	cuarenta y siete	47	sesenta y siete	67	ochenta y siete	87
ocho	8	veintiocho	28	cuarenta y ocho	48	sesenta y ocho	68	ochenta y ocho	88
nueve	9	veintinueve	29	cuarenta y nueve	49	sesenta y nueve	69	ochenta y nueve	89
diez	10	treinta	30	cincuenta	50	setenta	70	noventa	90
once	11	treinta y uno	31	cincuenta y uno	51	setenta y uno	71	noventa y uno	91
doce	12	treinta y dos	32	cincuenta y dos	52	setenta y dos	72	noventa y dos	92
trece	13	treinta y tres	33	cincuenta y tres	53	setenta y tres	73	noventa y tres	93
catorce	14	treinta y cuatro	34	cincuenta y cuatro	54	setenta y cuatro	74	noventa y cuatro	94
quince	15	treinta y cinco	35	cincuenta y cinco	55	setenta y cinco	75	noventa y cinco	95
dieciséis	16	treinta y seis	36	cincuenta y seis	56	setenta y seis	76	noventa y seis	96
diecisiete	17	treinta y siete	37	cincuenta y siete	57	setenta y siete	77	noventa y siete	97
dieciocho	18	treinta y ocho	38	cincuenta y ocho	58	setenta y ocho	78	noventa y ocho	98
diecinueve	19	treinta y nueve	39	cincuenta y nueve	59	setenta y nueve	79	noventa y nueve	99
								cien	100

NÚMEROS 100-1,000,000
NUMBERS 100-1,000,000

cien	100	setecientos	700	cuatro mil	4000
doscientos	200	ochocientos	800	cinco mil	5000
trescientos	300	novecientos	900	seis mil	6000
cuatrocientos	400	mil	1000	siete mil	7000
quinientos	500	dos mil	2000	ocho mil	8000
seiscientos	600	tres mil	3000	nueve mil	9000
				diez mil*	10,000*

diez mil*	10,000*	cuarenta mil	40,000	setenta mil	70,000
once mil	11,000	cuarenta y un mil	41,000	setenta y un mil	71,000
doce mil	12,000	cuarenta y dos mil	42,000	setenta y dos mil	72,000
trece mil	13,000	cuarenta y tres mil	43,000	setenta y tres mil	73,000
catorce mil	14,000	cuarenta y cuatro mil	44,000	setenta y cuatro mil	74,000
quince mil	15,000	cuarenta y cinco mil	45,000	setenta y cinco mil	75,000
dieciseis mil	16,000	cuarenta y seis mil	46,000	setenta y seis mil	76,000
diecisiete mil	17,000	cuarenta y seite mil	47,000	setenta y siete mil	77,000
dieciocho mil	18,000	cuarenta y ocho mil	48,000	setenta y ocho mil	78,000
diecinueve mil	19,000	cuarenta y nueve mil	49,000	setenta y nueve mil	79,000
veinte mil	20,000	cincuenta mil	50,000	ochenta mil	80,000
veintiun mil	21,000	cincuenta y un mil	51,000	ochenta y un mil	81,000
veintidos mil	22,000	cincuenta y dos mil	52,000	ochenta y dos mil	82,000
veintitres mil	23,000	cincuenta y tres mil	53,000	ochenta y tres mil	83,000
veinticuatro mil	24,000	cincuenta y cuatro mil	54,000	ochenta y cuatro mil	84,000
veinticinco mil	25,000	cincuenta y cinco mil	55,000	ochenta y cinco mil	85,000
veintiseis mil	26,000	cincuenta y seis mil	56,000	ochenta y seis mil	86,000
veintisiete mil	27,000	cincuenta y siete mil	57,000	ochenta y siete mil	87,000
veintiocho mil	28,000	cincuenta y ocho mil	58,000	ochenta y ocho mil	88,000
veintinueve mil	29,000	cincuenta y nueve mil	59,000	ochenta y nueve mil	89,000
treinta mil	30,000	sesenta mil	60,000	noventa mil	90,000
treinta y un mil	31,000	sesenta y un mil	61,000	noventa y un mil	91,000
treinta y dos mil	32,000	sesenta y dos mil	62,000	noventa y dos mil	92,000
treinta y tres mil	33,000	sesenta y tres mil	63,000	noventa y tres mil	93,000
treinta y cuatro mil	34,000	sesenta y cuatro mil	64,000	noventa y cuatro mil	94,000
treinta y cinco mil	35,000	sesenta y cinco mil	65,000	noventa y cinco mil	95,000
treinta y seis mil	36,000	sesenta y seis mil	66,000	noventa y seis mil	96,000
treinta y siete mil	37,000	sesenta y siete mil	67,000	noventa y siete mil	97,000
treinta y ocho mil	38,000	sesenta y ocho mil	68,000	noventa y ocho mil	98,000
treinta y nueve mil	39,000	sesenta y nueve mil	69,000	noventa y nueve mil	99,000

cien mil*	100,000*	seiscientos mil	600,000
doscientos mil	200,000	setecientos mil	700,000
trescientos mil	300,000	ochocientos mil	800,000
cuatrocientos mil	400,000	novecientos mil	900,000
quinientos mil	500,000	un millón	1,000,000

* In some countries including Spain, the thousands place is marked by a period, not a comma – one thousand is shown as 1.000, four-thousand five-hundred is 4.500 and so on. In other countries including Mexico, commas are used – 1,000, 4,500, and so on.

SPANISH GLOSSARY

TOPIC-SPECIFIC "CHEAT SHEETS!"

1. Parts of speech (verb, adjective, noun) are not noted, since this will be evident in the English translation.
2. Nouns ending in -**a** and -**as** are feminine; most others are masculine. Exceptions to this rule are noted.

TRABAJO - WORK

TRABAJOS

abogado/a	lawyer	enfermero/a	nurse
actor/actriz (f)	actor/actress	estudiante (m,f)	student
artista (m,f)	artist	gerente (m,f)	manager
atleta profesional (m,f)	professional athlete	hombre (f)/mujer (f) de negocios	businessman/woman
cantante (m,f)	singer	ingeniero/a	engineer
científico/a	scientist	maestro/a	teacher
consultor(a)	consultant	modelo (m,f)	model
doctor(a), médico	doctor	secretario/a	secretary
empleado/a	employee	supervisor(a)	supervisor
empresario/a	entrepreneur	vendedor(a)	salesman/woman

PERSONAS

jefe	boss
compañeros de trabajo	coworkers
clientes	clients
invitados	guests
asociados	associates
proveedores	suppliers

LUGARES

oficina/despacho	office
sala de conferencias	conference room
sala de empleados	break room
edificio	building
pasillo	hallway
area de recepción	reception area

OBJETOS

computador(a)	computer
máquina de fax	fax machine
teléfono	telephone
fotocopiadora	photocopier
archivos	files
papel	paper

VERBOS

escribir	to write
hablar por teléfono	to talk on the phone
mandar/enviar un email	to send an email
contactar a alguien	to contact someone
solicitar empleo	to apply for a job
entrevistar	to interview

CONCEPTOS

empleo	employment
desempleo	unemployment
rendimiento	performance
eficiencia	efficiency
servicio	service
tecnología	technology

FAMILIA Y COMPAÑEROS DE TRABAJO – FAMILY AND COWORKERS

abuelo/a	grandfather/mother	asistente (m,f)	assistant
esposo/a	husband/wife	asociado/a	associate
hermano/a	brother/sister	cliente (m,f)	client
hijo/a	son/daughter	colaborador(a)	collaborator
madre(f)/padre	mother/father	colega (m,f)	colleague
tío/a	uncle/aunt	compañero/a de trabajo	coworker
nieto/a	grandson/granddaughter	invitado/a	guest
novio/a	boyfriend/girlfriend	jefe/a	boss
primo/a	cousin	socio/a	partner
sobrino/a	nephew/niece	trabajador(a)	worker

SPANISH GLOSSARY
TOPIC-SPECIFIC "CHEAT SHEETS!"

1. Parts of speech (verb, adjective, noun) are not noted, since this will be evident in the English translation.
2. Nouns ending in -**a** and -**as** are feminine; most others are masculine. Exceptions to this rule are noted.

TIEMPO LIBRE – FREE TIME

PASATIEMPOS

bailar	to dance	jugar deportes	to play sports
correr	to jog, to run	leer	to read
montar bicicleta	to ride a bike	nadar	to swim, to go swimming
dormir	to sleep	oír música	to listen to music
ir a fiestas	to go to parties	salir con los amigos	to go out with friends
ir al cine	to go to the movies	tocar guitarra	to play guitar
ir de compras	to go shopping	ver televisión	to watch TV
jugar con los niños	to play with the kids	viajar	to travel

PERSONAS

jugador	player
entrenador	trainer, coach
amante de…	…fan, enthusiast
compañeros de equipo	teammates

LUGARES

campo/pista	field/track
piscina	pool
gimnasio	gym
centro de recreo	rec center

OBJETOS

bola	ball
bate	bat
ropa/uniforme	clothes/uniform
materiales artísticos	art materials

VERBOS

jugar voleibol	to play volleyball
tocar guitarra	to play guitar
hacer yoga	to do yoga

VIAJES – TRIPS/TRAVEL

PERSONAS

turista	tourist
agente de viajes	travel agent
pasajeros	passengers
piloto	pilot
asistente de vuelo	flight assistant
conductor (de tren, de bus)	conductor, driver

LUGARES

destino	destination
ciudad (f.)	city
país	country
continente	continent
ruta	route
calle (f.)	street

OBJETOS

pasaje/ boleto aéreo	airline ticket
maletas	suitcases
pasaporte	passport
dinero	money
documentos	documents

VERBOS

viajar	to travel
tomar un viaje	to take a trip
ir de vacaciones	to go on vacation
estar de vacaciones	to be on vacation
despegar	to take off
aterrizar	to land

TIPOS DE VIAJE

viaje de negocios	business trip
vacaciones en familia (f.)	family vacation
luna de miel	honeymoon
crucero	cruise
viaje de estudios	study trip
gira turística	tour

MANERAS DE VIAJAR

en avión	by plane
en coche/carro	by car
en bus	by bus
en tren	by train
en barco	by boat
a pie	on foot

SPANISH GLOSSARY

TOPIC-SPECIFIC "CHEAT SHEETS!"
1. Parts of speech (verb, adjective, noun) are not noted, since this will be evident in the English translation.
2. Nouns ending in -a and -as are feminine; most others are masculine. Exceptions to this rule are noted.

ADJETIVOS PERSONALES – PERSONAL ADJECTIVES

PARA HABLAR DEL TRABAJO

interesante	interesting
aburrido/a	bored, boring
estimulante	stimulating
estresante	stressful
emocionalmente drenante	emotionally draining
difícil	difficult, hard
fácil	easy
bien pagado/a, bien remunerado/a	well-paid
mal pagado/a, mal remunerado/a	badly-paid
gratificante	gratifying, rewarding
relajante	relaxing
odioso/a	hateful
bueno/a	good
malo/a	bad
fantástico/a	fantastic
horrible	horrible
raro/a	strange, rare
peligroso/a	dangerous
seguro/a	safe, sure, secure
divertido/a	fun

PARA HABLAR DE LAS PERSONAS

perezoso/a	lazy
diligente	diligent
exigente	demanding
trabajador(a)	hard-working
dedicado/a	dedicated
eficiente	efficient
entusiasta	enthusiastic
indiferente	indifferent
fuerte	strong
hablador(a)	chatty
experto/a	expert, very good at
(in)competente	(In)competent

ADVERBIOS TEMPORALES – ADVERBS OF TIME

FRECUENTEMENTE USADOS CON EL PRETÉRITO*

un día	one day
una noche	one night
una tarde	one afternoon
una vez	one time
el año pasado	last year
la semana pasada	last week
el mes pasado	last month
en 1997	in 1997
de repente	suddenly

FRECUENTEMENTE USADOS CON EL IMPERFECTO*

de niño/a	as a child
antes	before
en esos tiempos	in those times
a veces	at times
siempre	always
nunca	never
a menudo	often
usualmente	usually
muchas veces	a lot of times

* It is important to note that there are exceptions, depending on the context and concept. These adverbs often connote concepts that logically fit better with either the preterit vs. imperfect tense (ie – suddenness vs. repetition), and can provide "clues" as to which verb tense to choose. However, this is not fool-proof, because given the right context these adverbs can be used with either verb tense. See pages 74 and 76 for further explanation and examples.

SPANISH GLOSSARY

TOPIC-SPECIFIC "CHEAT SHEETS!"

1. Parts of speech (verb, adjective, noun) are not noted, since this will be evident in the English translation.
2. Nouns ending in **-a** and **-as** are feminine; most others are masculine. Exceptions to this rule are noted.

COMIDA – FOOD

arroz	rice	manzanas	apples
café	coffee	naranjas	oranges
carne de res (f)	beef	pan	bread
cerezas	cherries	papas	potatotes
chocolate	chocolate	pescado	fish
espinacas	spinach	pollo	chicken
galletas	cookies	queso	cheese
hamburguesas	hamburgers	salchicha	sausage
helado	ice cream	tomates	tomatoes
huevos	eggs	pastel	cake
jamón	ham	uvas	grapes
leche (f)	milk	vino	wine
		zanahorias	carrots

CASA Y OFICINA – HOME AND OFFICE

baño	bathroom	cuarto, recámara, habitación	bedroom
cocina	kitchen	escritorio	desk
comedor	dining room	libro	book
computador, computadora	computer	mesa	table
cuadro	(usually framed) picture	sala	living room
cuarto	room	silla	chair

EXPRESIONES COMUNES – COMMON EXPRESSIONS

Buenas tardes.	Good afternoon.	Encantado/a.	Nice to meet you.
Buenos días.	Hello./Good day.	Hola.	Hello.
Buenas noches.	Good night.	Me llamo…	My name is….
¿Cómo está?	How are you? (formal), How is he/she?	Mucho gusto.	Nice to meet you.
¿Cómo estás?	How are you? (informal)	¿Qué tal?	What's up?

LUGARES – PLACES

banco	bank	museo	museum
cine	movie theater	parque	park
correo	post office	restaurante	restaurant
escuela	school	teatro	theater
iglesia	church	vecindario	neighborhood

PREPOSICIONES DE LUGAR – PREPOSITIONS OF PLACE

a la derecha de	to the right of	detrás de	behind
a la izquierda de	to the left of	en	in, on
al lado de	next to	en frente de	in front of
debajo de	under	encima de	on top of
dentro de	inside of	entre	between

ABOUT THE AUTHOR

There's only one thing Diana Gruber loves more than learning foreign languages, and that's teaching them!

As one of the nation's foremost polyglots, she is natively- or near-natively proficient in Spanish, English, French, Italian, Portuguese, and German. What makes her most excited is sharing that talent with **you**, and helping **you** become fluent in another language.

For over twenty years, Diana has taught tens of thousands of people just like you to speak another language, using the methodology in this course as a cornerstone of her teaching – and her students' success!

As an international consultant, she travels the world training in various organizations, as well as teaching Functionally Fluent!™ intensive language seminars in her own Houston-based school – www.hablahouston.com.

She is thrilled that you're holding this book in your hands, and her vision is that it will be of immense value to you and everyone you communicate with.

See more of Diana on YouTube and other media.

Acknowledgements:

The author wishes to thank the teachers and thousands of students at her school who, over the past decades, have used these books and have helped improve earlier versions.

The author also wishes to acknowledge her mother, Ada Irma Torres, for having raised her speaking Spanish and for having instilled in her a love for languages and multilingualism. ¡Gracias, Mamá!

Printed in Great Britain
by Amazon

50015982R00069